# नेटवर्क मार्केटिंग

## संभावनाओं की अनंत दुनिया

*"नेटवर्क मार्केटिंग के लिए एक बेहतरीन मार्गदर्शिका"*

AF529018


लेखक

**सूर्या सिन्हा**

**समाजसेवक**



डायमंड बुक्स

www.diamondbooks.in

**प्रकाशक : डायमंड पॉकेट बुक्स (प्रा.) लि.**
X-30 ओखला इंडस्ट्रियल एरिया, फेस -II
नई दिल्ली- 110020
फोन : 011-40712200
ई-मेल : wecare@diamondbooks.in
वेबसाइट : www.diamondbooks.in

संस्करण : 2024

मुद्रक : रेप्रो (इंडिया)

---

**Network Marketing - Sambhaavanaon Ki Anant Duniya**
by *Surya Sinha*

# विषय सूची

1. नेटवर्क मार्केटिंग-संभावनाओं की अनंत दुनिया ........ 5
2. नेटवर्क मार्केटिंग की शक्ति और संभावनाएँ ........ 9
3. नेटवर्क मार्केटिंग की मूलभूत समझ ........ 13
4. सफलता की मानसिकता ........ 19
5. एक अच्छा नेटवर्क मार्केटर बनने के लिए नैतिकता और ईमानदारी का महत्त्व ........ 25
6. स्पष्ट और प्राप्त करने योग्य लक्ष्य बनाना ........ 29
7. लगातार कार्यवाही करें ........ 37
8. डुप्लीकेशन की शक्ति ........ 45
9. फ़ॉलो-अप का महत्त्व ........ 51
10. ग्राहक और टीम मेंबर्स के साथ संबंध बनाना ........ 57
11. टीमवर्क का महत्त्व ........ 63
12. ऑनलाइन टूल और सोशल मीडिया का प्रभावी उपयोग ........ 69
13. स्व-प्रेरणा और आत्म-अनुशासन ........ 77
14. चुनौतियों का सामना करना और उनसे सीखना ........ 83
15. लीडरशिप और प्रेरणा ........ 89
16. नेटवर्क मार्केटिंग में नैतिकता और ईमानदारी ........ 95
17. नेटवर्क मार्केटिंग में पर्सनल ब्रांडिंग का महत्त्व ........ 103
18. नेटवर्क मार्केटिंग में दीर्घकालिक सफलता की रणनीतियाँ ........ 111
19. नेटवर्क मार्केटिंग में सफलता के मुख्य सूत्र ........ 119
20. अंतिम मगर कुछ बेहद जरूरी सुझाव ........ 123
21. व्यवसाय और व्यक्तिगत विकास के लिए कुछ अंतिम चिंतन सवाल ........ 129
22. विचार ........ 133
23. अंत में ........ 135
24. वास्तविक जीवन की कुछ कहानियाँ ........ 137
25. एक विनम्र निवेदन ........ 143

# समर्पण

यह पुस्तक समर्पित है
**माता वैष्णों देवी**
के चरणों में, जिनकी मुझ पर
अपार कृपा है।

# 1

# नेटवर्क मार्केटिंग - संभावनाओं की अनंत दुनिया

## इस पुस्तक को लिखने का उद्देश्य :

इस पुस्तक को लिखते समय मेरे मन में एक ही विचार था-कैसे मैं आपको नेटवर्क मार्केटिंग की दुनिया में कदम रखने और इसमें सफलता पाने के लिए प्रेरित कर सकूं। यह किताब सिर्फ एक साधारण गाइड नहीं है, बल्कि मेरे अनुभवों, सीखों और भावनाओं का एक संगम है, जिसे मैंने आपके लिए बेहद सोच-समझकर और सरल भाषा में तैयार किया है।

मैं जानता हूं कि नेटवर्क मार्केटिंग एक रोमांचक लेकिन चुनौतीपूर्ण व्यवसाय है। इसमें आने वाली चुनौतियाँ कभी-कभी कठिन हो सकती हैं, लेकिन इन्हीं चुनौतियों में आपकी असली परीक्षा होती है। मैंने इस पुस्तक में न केवल इस व्यवसाय की मूल बातों को शामिल किया है, बल्कि इसमें आने वाली मुश्किलों और उनसे निपटने के उपायों पर भी ध्यान दिया है।

इस पुस्तक का उद्देश्य है आपको नेटवर्क मार्केटिंग कि जादुई दुनिया में प्रवेश कराने और इस यात्रा में आपका एक भरोसेमंद साथी बनने का। यह पुस्तक आपकी उन्नति के मार्ग में आने वाली बाधाओं को दूर करने के लिए तैयार की गई है, ताकि आप एक सफल नेटवर्क मार्केटर के रूप में खुद को स्थापित कर सकें।

हर अध्याय को मैंने इस उद्देश्य से लिखा है कि आप इसे आसानी से समझ सकें और

अपने जीवन में लागू कर सकें। इस किताब में मैंने ऐसे लोगों की असल कहानियाँ भी शामिल की हैं, जिन्होंने इस व्यवसाय में सफलताएँ हासिल की और संघर्षों से सीखा। इन कहानियों से आपको यह महसूस होगा कि यदि वे सफल हो सकते हैं, तो आप भी जरूर सफल हो सकते हैं।

हर अध्याय के अंत में कुछ सवाल दिए गए हैं, जो आपको अपने व्यवसाय और व्यक्तिगत विकास के बारे में सोचने पर मजबूर करेंगे। ये सवाल आपकी आत्मनिरीक्षण की प्रक्रिया को और गहरा करेंगे और आपको सही दिशा में आगे बढ़ने में मदद करेंगे।

मेरा इरादा इस पुस्तक के माध्यम से आपको इस व्यवसाय की गहरी समझ देना और आपके सामने आने वाली चुनौतियों को समझकर उनका सामना करने के लिए प्रेरित करना है। मुझे उम्मीद है कि इस पुस्तक से आप न केवल प्रेरित होंगे, बल्कि इसे पढ़ने के बाद आप अपने नेटवर्क मार्केटिंग के सफर को नई दिशा देंगे और सफलता की ओर आगे बढ़ेंगे।

## इस पुस्तक में क्या खास है?

1. **सही मानसिकता का विकास:** सफलता की पहली सीढ़ी है-सही मानसिकता का निर्माण। नेटवर्क मार्केटिंग एक ऐसा व्यवसाय है जहाँ आपको धैर्य, सकारात्मकता, और आत्मविश्वास की जरूरत होती है। इस पुस्तक में आपको सिखाया जाएगा कि कैसे अपनी मानसिकता को इस तरह तैयार करें, जिससे आप किसी भी चुनौती का सामना आत्मविश्वास से कर सकें और हर कठिनाई को अवसर में बदल सकें। हम आपको यह समझाने की कोशिश करेंगे कि मानसिकता ही वह कुंजी है जो आपको असफलता से सफलता की ओर ले जाती है।
2. **प्रभावी टीम कैसे बनाएं:** नेटवर्क मार्केटिंग का जादू टीमवर्क में है। जब आप अकेले काम करते हैं, तो आपकी क्षमता सीमित होती है, लेकिन जब आप एक मजबूत टीम का निर्माण करते हैं, तो आपकी सफलता कई गुना बढ़ जाती है। इस पुस्तक में आपको यह बताया जाएगा कि कैसे आप एक प्रभावी टीम बना सकते हैं, उन्हें प्रशिक्षित कर सकते हैं, और उन्हें एक विजयी मानसिकता से लैस कर सकते हैं। यह अध्याय आपको सिखाएगा कि कैसे आप अपने टीम मेंबर्स के लिए एक प्रेरणास्त्रोत बन सकते हैं और उनके साथ मिलकर बड़े लक्ष्यों को हासिल कर सकते हैं।

3. **डुप्लीकेशन की कला:** नेटवर्क मार्केटिंग में डुप्लीकेशन का *महत्त्व* किसी रहस्य से कम नहीं है। अपनी टीम को वही प्रणाली सिखाने की कला, जिसे आप स्वयं सफलतापूर्वक लागू कर रहे हैं, डुप्लीकेशन कहलाती है। इससे आपका व्यवसाय तेज़ी से बढ़ता है और आप अपने समय और मेहनत का सही उपयोग कर पाते हैं। इस पुस्तक में आपको सरल और प्रभावी तरीके से बताया जाएगा कि कैसे डुप्लीकेशन को अपने व्यवसाय में लागू करें, ताकि आपकी सफलता सीमित न रहे, बल्कि तेजी से बढ़े।
4. **टीम को प्रेरित रखना:** सिर्फ टीम बनाना ही काफी नहीं होता; उसे प्रेरित रखना और सही दिशा में आगे बढ़ाना भी आवश्यक होता है। इस पुस्तक में आपको सिखाया जाएगा कि अपनी टीम को कैसे प्रेरित और उत्साहित रखें, ताकि वे आपके साथ मिलकर काम करें और लक्ष्य तक पहुँचने में आपका समर्थन करें। आप यह जानेंगे कि एक सच्चे लीडर के गुण क्या होते हैं और कैसे आप उन गुणों को अपने भीतर विकसित कर सकते हैं, ताकि आपकी टीम के लोग आपके लीडरशिप में खुशी-खुशी काम करें और सफलता प्राप्त करें।

यह पुस्तक इस प्रकार से तैयार की गई है कि आप इसे पढ़ते ही अपनी रोज़मर्रा की नेटवर्क मार्केटिंग की गतिविधियों में इसे लागू कर सकें। इसमें दिए गए सुझाव, रणनीतियाँ, और तकनीकें न केवल आपके व्यवसाय को बढ़ाने में मदद करेंगी, बल्कि आपको एक सफल और प्रभावी नेटवर्क मार्केटर बनने की दिशा में भी मार्गदर्शन करेंगी।

## यह पुस्तक किसके लिए है?

यह पुस्तक उन सभी लोगों के लिए है जो नेटवर्क मार्केटिंग के क्षेत्र में कदम रख चुके हैं या रखने की योजना बना रहे हैं। चाहे आप एक नए नेटवर्कर हों, जो इस व्यवसाय के बारे में जानने की कोशिश कर रहे हों, या फिर आप एक अनुभवी पेशेवर हों, जो अपनी सफलता को अगले स्तर तक ले जाना चाहते हैं-यह पुस्तक आपको सही मार्गदर्शन प्रदान करेगी। हर पाठ आपको इस व्यवसाय की गहराई में ले जाएगा और आपको सिखाएगा कि कैसे आप अपने व्यवसाय को सफल बना सकते हैं, कैसे चुनौतियों का सामना कर सकते हैं, और कैसे हर अवसर को अपनी जीत में बदल सकते हैं।

## नोट :

यह पुस्तक एक **“बेहतरीन मार्गदर्शिका”** है, जो नेटवर्क मार्केटिंग के हर पहलू को गहराई से समझाने के साथ-साथ आपको व्यावहारिक सुझाव और मार्गदर्शन प्रदान करेगी। इसे पढ़कर आप अपने व्यवसाय में न केवल सफलता प्राप्त करेंगे, बल्कि उन लोगों के लिए भी प्रेरणास्त्रोत बनेंगे जो आपकी टीम में जुड़ेंगे।

**सादर**

**सूर्या सिन्हा**
Suryasinha101@gmail.com

# 2

# नेटवर्क मार्केटिंग की शक्ति और संभावनाएँ

## नेटवर्क मार्केटिंग का परिचय

नेटवर्क मार्केटिंग, जिसे मल्टी-लेवल मार्केटिंग (MLM) भी कहा जाता है, एक ऐसा व्यवसाय मॉडल है जो आज के समय में तेजी से लोकप्रिय हो रहा है। यह एक ऐसा तरीका है जिसमें कंपनियां अपने उत्पादों या सेवाओं को सीधे उपभोक्ताओं तक पहुंचाती हैं, बिना बीच के वितरकों या स्टोरों के। इसमें, आप अपने व्यक्तिगत नेटवर्क के माध्यम से उत्पाद बेचते हैं और दूसरों को अपने नेटवर्क में शामिल करके अपनी आय बढ़ा सकते हैं।

इस मॉडल की खास बात यह है कि यहाँ आप अकेले काम नहीं करते, बल्कि अपनी टीम बनाते हैं। आप जितनी बड़ी और प्रभावी टीम बनाते हैं, आपकी सफलता उतनी ही तेजी से बढ़ती है। हर व्यक्ति की मेहनत का सीधा लाभ आप दोनों को मिलता है आपको और आपकी टीम को।

## यह व्यवसाय कैसे काम करता है

*नेटवर्क मार्केटिंग के काम करने का तरीका बहुत ही सरल और प्रभावी है। इसमें तीन मुख्य हिस्से होते हैं:*

- **प्रोडक्ट्स या सेवाओं की बिक्री:** आपको किसी कंपनी के प्रोडक्ट्स या सेवाओं को बेचना होता है। ये उत्पाद सीधे उपभोक्ताओं तक पहुँचते हैं, जो

आपकी कमाई का पहला स्रोत होता है। जितना अधिक आप बेचते हैं, उतना अधिक कमीशन आप प्राप्त करते हैं।

- **टीम बनाना और विस्तार करना:** नेटवर्क मार्केटिंग का असली जादू यहाँ छिपा है। आप नए लोगों को अपने नेटवर्क में जोड़ते हैं, उन्हें ट्रेनिंग देते हैं और उन्हें भी वही काम सिखाते हैं जो आप कर रहे हैं। इस प्रक्रिया को डुप्लीकेशन कहा जाता है। जैसे-जैसे आपकी टीम बढ़ती है, आपकी आय भी बढ़ती जाती है। यह आपकी कमाई का दूसरा महत्त्वपूर्ण स्रोत होता है।
- **सपोर्ट और प्रशिक्षण:** नेटवर्क मार्केटिंग में सफलता के लिए केवल टीम बनाना ही नहीं, बल्कि उन्हें मार्गदर्शन और समर्थन देना भी आवश्यक है। जब आपकी टीम सफल होती है, तो उसकी सफलता से आपको भी लाभ होता है। इसलिए, यह महत्त्वपूर्ण है कि आप अपनी टीम के साथ लगातार जुड़े रहें और उन्हें ट्रेनिंग देते रहें।

## क्यों नेटवर्क मार्केटिंग एक बेहतरीन व्यवसाय है

आज के समय में नेटवर्क मार्केटिंग को एक बेहतरीन व्यवसाय माना जाता है, और इसके कई कारण हैं:

- **कम निवेश, अधिक लाभ:** पारंपरिक व्यवसायों में भारी निवेश की आवश्यकता होती है, लेकिन नेटवर्क मार्केटिंग में आप कम निवेश के साथ अपना व्यवसाय शुरू कर सकते हैं। इसमें न तो आपको स्टोर की ज़रूरत होती है और न ही किसी बड़े स्टाफ की। आप अपने घर से ही व्यवसाय शुरू कर सकते हैं और जैसे-जैसे आपका नेटवर्क बढ़ता है, आपकी आय भी बढ़ती जाती है।
- **फ्लेक्सिबिलिटी और आज़ादी**: नेटवर्क मार्केटिंग में आप अपने समय के मालिक होते हैं। आप कब और कहाँ काम करना चाहते हैं, यह पूरी तरह से आपके हाथ में होता है। यह उन लोगों के लिए बेहतरीन है जो अपनी पारिवारिक जिम्मेदारियों को निभाते हुए एक स्वतंत्र व्यवसाय करना चाहते हैं।
- **सीखने और बढ़ने का अवसर**: नेटवर्क मार्केटिंग में न केवल वित्तीय लाभ होते हैं, बल्कि यह एक ऐसा प्लेटफॉर्म है जहाँ आप अपने व्यक्तिगत और

व्यावसायिक विकास के लिए लगातार सीखते रहते हैं। यहाँ आपको लीडरशिप, प्रबंधन, संचार और संबंध निर्माण के महवपूर्ण गुण सीखने को मिलते हैं।

- **निरंतर आय:** नेटवर्क मार्केटिंग में आपकी आय केवल आपके व्यक्तिगत प्रयासों पर निर्भर नहीं करती, बल्कि आपकी टीम के प्रयासों पर भी निर्भर करती है। अगर आप एक मजबूत टीम बना लेते हैं, तो आप एक स्थायी आय स्रोत बना सकते हैं। यह एक प्रकार की निष्क्रिय आय (Passive Income) होती है, जिसमें आप खुद काम किए बिना भी कमाई कर सकते हैं।
- **दूसरों को मदद करने का अवसर:** नेटवर्क मार्केटिंग का एक और बड़ा लाभ यह है कि आप न केवल खुद की सफलता के लिए काम करते हैं, बल्कि दूसरों को भी सफल बनाने में मदद करते हैं। जब आप अपने टीम मेंबर्स को सिखाते हैं और उन्हें समर्थन देते हैं, तो आप उनकी जिंदगी में एक सकारात्मक बदलाव लाते हैं।

नेटवर्क मार्केटिंग एक ऐसा व्यवसाय है जो सीमाओं को तोड़ता है और लोगों को उनके सपनों को साकार करने में मदद करता है। यह पुस्तक आपको एक सफल नेटवर्क मार्केटर बनाने के लिए आवश्यक सभी जानकारियाँ और उपकरण प्रदान करेगी। आपका इस पुस्तक के साथ यात्रा शुरू करने का मतलब है कि आप न केवल अपने लिए, बल्कि उन सभी के लिए एक नया रास्ता तैयार कर रहे हैं, जो आपके साथ इस यात्रा पर जुड़ेंगे।

**आइए, इस यात्रा को एक साथ शुरू करें और नेटवर्क मार्केटिंग की संभावनाओं को उजागर करें!**

नेटवर्क मार्केटिंग सिर्फ पैसों की आज़ादी नहीं देती, बल्कि नए अवसर और संभावनाएं भी प्रदान करती है। इसमें मेहनत से आप न केवल अपनी आर्थिक स्थिति सुधार सकते हैं, बल्कि अपनी टीम और खुद का विकास भी कर सकते हैं। यह एक ऐसा मंच है जहाँ आप अपने सपनों को साकार कर सकते हैं।

3

# नेटवर्क मार्केटिंग की मूलभूत समझ

नेटवर्क मार्केटिंग एक व्यवसाय मॉडल है जिसमें आप न केवल उत्पादों की बिक्री करते हैं, बल्कि अपने नेटवर्क का विस्तार भी करते हैं। इस मॉडल में आप अपने संपर्कों के माध्यम से उत्पाद बेचते हैं और नए लोगों को अपनी टीम में शामिल करके व्यवसाय को आगे बढ़ाते हैं। यह व्यवसाय इसलिए लोकप्रिय है क्योंकि इसमें आप कम लागत के साथ शुरुआत कर सकते हैं और अपनी मेहनत और नेटवर्किंग कौशल से अधिक लाभ कमा सकते हैं। इस प्रणाली में सफलता पाने के लिए सही उत्पादों का चयन, प्रभावी बिक्री कौशल और मजबूत नेटवर्क बनाना जरूरी है। यह व्यवसाय उन लोगों के लिए एक शानदार अवसर है जो अपनी मेहनत से एक सफल करियर बनाना चाहते हैं।

## नेटवर्क मार्केटिंग का अर्थ और इसकी संरचना:

नेटवर्क मार्केटिंग एक ऐसा व्यवसाय मॉडल है जिसमें कंपनियाँ अपने उत्पादों या सेवाओं को ग्राहकों तक पहुँचाने के लिए स्वतंत्र डिस्ट्रीब्यूटर का उपयोग करती हैं। इसमें आप न केवल उत्पाद बेचते हैं, बल्कि अन्य लोगों को भी अपने नेटवर्क में शामिल करते हैं और उन्हें भी इसी व्यवसाय में आगे बढ़ने के लिए प्रेरित करते हैं। इस मॉडल की खास बात यह है कि आप अपनी व्यक्तिगत बिक्री से भी कमाई करते हैं और अपनी टीम की बिक्री से भी कमीशन प्राप्त करते हैं। यह एक ऐसा तरीका है जिसमें आप अपनी मेहनत और नेटवर्क के विस्तार से दोहरी कमाई का अवसर पा सकते हैं, जिससे आपकी आय बढ़ती रहती है।

**वास्तविक उदाहरण :** सविता अग्निहोत्री एक साधारण महिला थीं, जो नेटवर्क मार्केटिंग में शामिल हुईं। शुरुआत में, वह केवल अपने दोस्तों और रिश्तेदारों को ही उत्पाद बेंचती थीं, जिससे उन्हें थोड़ी-बहुत आय होती थी। यह उनके लिए संतोषजनक था, लेकिन जब उन्होंने नेटवर्क मार्केटिंग की असली ताकत को समझा, तो उनका दृष्टिकोण बदल गया। उन्होंने अपने दोस्त राहुल को इस व्यवसाय से जोड़ा। राहुल ने भी अपने दोस्तों को जोड़ा, और इस तरह सविता की टीम धीरे-धीरे बढ़ने लगी। अब सविता को न केवल अपनी बिक्री से, बल्कि राहुल और उसकी टीम की बिक्री से भी कमीशन मिलने लगा। इस तरह, सविता की आय दोगुनी हो गई। नेटवर्क मार्केटिंग की यह संरचना आपको व्यक्तिगत और टीम की मेहनत दोनों का लाभ देती है, जिससे आपकी कमाई निरंतर बढ़ती रहती है। यही इस व्यवसाय की सबसे बड़ी ताकत है।

## प्रोडक्ट्स और सेवाओं की बिक्री:

नेटवर्क मार्केटिंग में सबसे अहम कदम है उत्पादों या सेवाओं की बिक्री। इस मॉडल में आप सीधे ग्राहकों से जुड़ते हैं और उन्हें उत्पादों के बारे में विस्तार से जानकारी दे सकते हैं। पारंपरिक रिटेल व्यवसाय से यह अलग है, क्योंकि यहाँ ग्राहक के साथ आपका सीधा संपर्क होता है। यह व्यक्तिगत संबंध न केवल बिक्री बढ़ाने में मदद करता है, बल्कि आपके व्यवसाय में स्थिरता भी बनाए रखता है। ग्राहक आपके उत्पादों पर भरोसा करता है, जिससे दीर्घकालिक संबंध बनते हैं और आपका व्यवसाय लगातार आगे बढ़ता है।

**वास्तविक जीवन कहानी:** सुमन श्रीवास्तव एक साधारण गृहिणी थीं, जो हमेशा अपने परिवार की देखभाल में व्यस्त रहती थीं। एक दिन उन्हें नेटवर्क मार्केटिंग के माध्यम से एक नया अवसर मिला, जिसमें उन्हें स्वास्थ्य उत्पाद बेचने का मौका मिला। शुरुआत में, सुमन ने अपने परिवार, पड़ोसियों और दोस्तों के साथ इस व्यवसाय की शुरुआत की। उसने उत्पादों को बेचने के साथ-साथ लोगों को इन उत्पादों का सही उपयोग करने का मार्गदर्शन भी दिया। सुमन का ध्यान केवल बिक्री पर नहीं था, बल्कि वह अपने ग्राहकों की स्वास्थ्य समस्याओं को ध्यान में रखते हुए उन्हें समाधान प्रदान करती थी। धीरे-धीरे, सुमन का नाम उनके इलाके में विश्वसनीयता और ईमानदारी के लिए जाना जाने लगा। लोग न केवल उत्पादों के लिए बल्कि सुमन के मार्गदर्शन और सलाह के लिए भी उससे जुड़ने लगे। उसकी मेहनत और ग्राहकों के साथ बने मजबूत संबंधों ने उसकी बिक्री को बढ़ा दिया।

सुमन ने महसूस किया कि नेटवर्क मार्केटिंग सिर्फ एक व्यापार का तरीका नहीं, बल्कि लोगों की मदद करके एक सामुदायिक संबंध बनाने का अवसर भी है। इसके साथ ही, वह अपनी आय को बढ़ाने में भी सफल रही। इस अनुभव ने सुमन को आत्मविश्वास दिया और उसने नेटवर्क मार्केटिंग के व्यवसाय को एक नए स्तर पर ले जाने का फैसला किया।

आज, सुमन एक सफल नेटवर्क मार्केटर हैं, जिन्होंने अपने क्षेत्र में एक स्थायी पहचान बनाई है।

## नेटवर्क का निर्माण और विस्तार:

**नेटवर्क मार्केटिंग में सफलता का सबसे महत्त्वपूर्ण तरीका है-**

**नेटवर्क का निर्माण:** इस मॉडल में, आपकी सफलता इस बात पर निर्भर करती है कि आप कितने लोगों को अपने साथ जोड़ते हैं और उन्हें कैसे प्रशिक्षित करते हैं। जब आप अपने नेटवर्क में और लोगों को शामिल करते हैं, तो वे भी आपके व्यवसाय का हिस्सा बन जाते हैं और आपकी तरह ही उत्पाद बेचने और अपनी टीम बनाने की प्रक्रिया शुरू करते हैं।

इस प्रक्रिया को डुप्लीकेशन कहा जाता है। इसमें आपकी टीम में शामिल लोग आपके बताए हुए तरीकों को अपनाकर अपने नेटवर्क का विस्तार करते हैं। जैसे-जैसे यह नेटवर्क बढ़ता है, आपका व्यवसाय भी तेजी से बढ़ने लगता है। इसका फायदा यह है कि आप अकेले काम करने के बजाय पूरी टीम की सामूहिक मेहनत से परिणाम प्राप्त करते हैं। इस तरह, नेटवर्क मार्केटिंग एक मजबूत टीम और सही प्रशिक्षण के माध्यम से दीर्घकालिक सफलता की दिशा में बढ़ता है।

**वास्तविक उदाहरण:** अजय वर्मा एक नेटवर्क मार्केटर थे, जिन्होंने शुरुआत में काफी संघर्ष किया। वह केवल अपनी व्यक्तिगत बिक्री पर निर्भर थे, जिससे उनकी कमाई सीमित थी। एक दिन, उनके मेंटर ने उन्हें सलाह दी कि व्यवसाय को बढ़ाने का असली तरीका अपनी टीम बनाना है। इस विचार ने अजय को नई दिशा दी। अजय ने अपने दोस्त नीलम पाटिल से बात की और उसे इस व्यवसाय में शामिल होने के लिए प्रेरित किया। नीलम ने भी इस अवसर को समझा और अपने जान-पहचान के लोगों को जोड़ा। धीरे-धीरे, नीलम ने अपनी मेहनत और अजय के मार्गदर्शन से अपनी टीम बनाई। नीलम की टीम के सदस्यों ने भी उसी तरीके से काम करना शुरू किया, और इस तरह अजय का नेटवर्क तेजी से

बढ़ता गया।अब अजय की टीम में एक हजार से भी ज्यादा लोग थे, जो अपनी-अपनी तरह से काम कर रहे थे। इससे अजय को न केवल आर्थिक लाभ मिला, बल्कि उनका नेटवर्क देशभर में फैल गया। यह सफलता अजय के लिए एक बड़ी उपलब्धि थी, क्योंकि अब वह अकेले नहीं थे-उनकी पूरी टीम उनकी सफलता में योगदान दे रही थी।

## व्यवसाय का भविष्य और विस्तार की संभावनाएँ:

नेटवर्क मार्केटिंग एक ऐसा व्यवसाय है जिसमें बहुत संभावनाएँ होती हैं। इसे आप छोटे स्तर से शुरू कर सकते हैं और धीरे-धीरे इसे बड़ा बना सकते हैं। इसमें आपकी कमाई आपके नेटवर्क के विस्तार पर निर्भर करती है। जितने ज्यादा लोग आप अपने नेटवर्क में जोड़ेंगे, आपकी आय उतनी ही बढ़ेगी। इस व्यवसाय में कोई सीमाएँ नहीं हैं, और मेहनत व सही रणनीति से आप दीर्घकालिक सफलता प्राप्त कर सकते हैं। नेटवर्क मार्केटिंग आपको एक सफल और स्वतंत्र करियर का अवसर देता है, जहाँ आपकी सफलता आपकी मेहनत पर आधारित होती है।

**वास्तविक जीवन कहानी:** राजेश कुशवाह, जो कि बिहार के एक छोटे से गाँव में रहता था, उसने नेटवर्क मार्केटिंग में अपने करियर की शुरुआत की। पहले तो उसे कई कठिनाइयों का सामना करना पड़ा क्योंकि उसके पास कोई बड़ा नेटवर्क नहीं था। लेकिन उसने हार नहीं मानी और धीरे-धीरे लोगों से जुड़ना शुरू किया। राजेश ने न केवल व्यक्तिगत संपर्क बनाए, बल्कि सोशल मीडिया और डिजिटल माध्यमों का भी सही तरीके से उपयोग किया। धीरे-धीरे उसका नेटवर्क देशभर में फैल गया, और उसकी आय लाखों में पहुँच गई। नेटवर्क मार्केटिंग ने राजेश को गाँव से बाहर निकालकर एक सफल उद्यमी बना दिया। आज, राजेश कुशवाह कई लोगों को प्रेरित करता है और उन्हें नेटवर्क मार्केटिंग में सफल होने का मार्गदर्शन देता है। उसकी कहानी यह दिखाती है कि अगर आप निरंतरता और सही रणनीति के साथ आगे बढ़ें, तो आप इस व्यवसाय में बहुत बड़ी सफलता प्राप्त कर सकते हैं।

## निष्कर्ष

नेटवर्क मार्केटिंग एक ऐसा व्यवसाय है जिसमें आप अपनी मेहनत के साथ-साथ अपने नेटवर्क की मेहनत का भी लाभ उठा सकते हैं। यह मॉडल आपको दोहरी कमाई के अवसर देता है - आप न सिर्फ अपने उत्पाद बेचते हैं, बल्कि नए लोगों को जोड़कर उनका व्यवसाय भी बढ़ाते हैं। जब आपकी टीम सफल होती है, तो आपकी सफलता भी बढ़ती है। इस व्यवसाय में सफलता पाने के लिए सही मानसिकता, धैर्य और रणनीति बेहद जरूरी है।

आज के डिजिटल युग में नेटवर्क मार्केटिंग का भविष्य और भी उज्ज्वल हो गया है। अब आप सोशल मीडिया और ऑनलाइन प्लेटफ़ॉर्म्स का इस्तेमाल कर दुनियाभर के लोगों से जुड़ सकते हैं, जिससे आपके नेटवर्क की सीमाएँ नहीं रहतीं। यह व्यवसाय आपको वित्तीय स्वतंत्रता, समय की आजादी और व्यक्तिगत विकास के अनेक अवसर देता है।

आप जितनी मेहनत और योजना के साथ इस व्यवसाय को आगे बढ़ाएंगे, उतनी ही तेजी से सफलता की ओर बढ़ेंगे। यह आप पर निर्भर करता है कि आप इस व्यवसाय को किस ऊंचाई तक लेकर जा सकते हैं।

अब हम आपके सामने कुछ सवाल रख रहे हैं, जिनके जवाब आपको खुद देने होंगे। ये सवाल बेहद जरूरी हैं और आपके व्यवसाय और व्यक्तिगत विकास के लिए महत्त्वपूर्ण साबित हो सकते हैं:

*1.* **नेटवर्क मार्केटिंग क्या है?**

- अपने शब्दों में नेटवर्क मार्केटिंग के मॉडल की व्याख्या करें।

*2.* **प्रोडक्ट्स की बिक्री और नेटवर्क का निर्माण**

- आपने अब तक कौन से प्रोडक्ट्स बेचे हैं और कैसे?
- आपने कितने लोगों को अपने नेटवर्क में शामिल किया है, और उन्हें कैसे प्रेरित किया?

*3.* ***दीर्घकालिक लक्ष्य***

- आप अपने नेटवर्क को किस तरह से विस्तारित करना चाहते हैं?

- अगले 6 महीनों में अपने नेटवर्क को कितना बढ़ाना चाहते हैं?

4. *डिजिटल युग में नेटवर्क मार्केटिंग*
   - क्या आपने सोशल मीडिया या अन्य डिजिटल टूल्स का उपयोग किया है? अगर हाँ, तो उनका परिणाम क्या रहा?

5. *व्यक्तिगत विकास*
   - आपके व्यवसाय में कौन सी चुनौतियाँ आई हैं, और उनसे आपने क्या सीखा है?

नेटवर्क मार्केटिंग में सफलता की राह सरल नहीं होती, लेकिन यह पूरी तरह से संभव है। जो लोग आज सफलता की ऊँचाइयों पर हैं, उन्होंने भी शुरुआत में अस्वीकृति, कठिनाइयों और संघर्ष का सामना किया था। यह उनकी मेहनत, धैर्य, और कभी हार न मानने की प्रवृत्ति ही थी, जिसने उन्हें आगे बढ़ाया। इन सफल नेटवर्क मार्केटर्स की कहानियाँ हमें सिखाती हैं कि असफलताएँ और रुकावटें केवल सीढ़ियाँ हैं, जो हमें ऊँचाइयों तक पहुँचने के लिए चढ़नी पड़ती हैं। शुरुआत में उन्हें भी नकारा गया, उनके प्रयासों को सराहा नहीं गया, लेकिन उन्होंने अपने लक्ष्य से नजरें नहीं हटाईं। उन्होंने अपने नेटवर्क को धीरे-धीरे बढ़ाया, अपनी टीम को प्रेरित किया और अपनी रणनीतियों में निरंतरता बनाए रखी।

## संदेश

आज वे सफल नेटवर्क मार्केटर के रूप में जाने जाते हैं, जिनकी कहानियाँ प्रेरणा का स्रोत बन चुकी हैं। उनकी यात्रा हमें यह बताती है कि इस व्यवसाय में सफल होने के लिए धैर्य, समर्पण, और दृढ़ निश्चय जरूरी है। वे अब सिर्फ अपनी सफलता का आनंद नहीं ले रहे, बल्कि दूसरों को भी प्रेरित कर रहे हैं, उन्हें यह सिखा रहे हैं कि अगर वे हार न मानें और अपने प्रयासों में लगातार जुटे रहें, तो सफलता उनके भी कदम चूमेगी। उनकी कहानियाँ यह भी स्पष्ट करती हैं कि नेटवर्क मार्केटिंग सिर्फ एक व्यवसाय नहीं, बल्कि एक यात्रा है, जो आपको व्यक्तिगत और पेशेवर दोनों रूप से विकसित करती है। यही यात्रा अंततः उन ऊँचाइयों तक ले जाती है, जहाँ से आप न सिर्फ खुद की सफलता का जश्न मना सकते हैं, बल्कि दूसरों की भी मदद कर सकते हैं।

**आप भी अपने सपनों को साकार कर सकते हैं-** बस एक कदम लें, छोटे-छोटे कदमों के साथ आगे बढ़ें। सफलता उन्हीं को मिलती है, जो कभी हार नहीं मानते। आपका भविष्य आपके हाथों में है - इसे बनाने के लिए आज ही शुरुआत करें।

# 4

# सफलता की मानसिकता

नेटवर्क मार्केटिंग में सफलता पाने के लिए सबसे जरूरी है एक मजबूत और सकारात्मक मानसिकता। आपकी सोच, दृष्टिकोण, और विचार यह निर्धारित करते हैं कि आप इस व्यवसाय में कितनी तरक्की करेंगे। सही मानसिकता आपको मुश्किलों का सामना करने की ताकत देती है, आत्मविश्वास बढ़ाती है, और चुनौतियों का सामना करने के लिए तैयार करती है। जब आपकी सोच सकारात्मक होती है, तो आप हर मुश्किल को अवसर में बदल सकते हैं और आगे बढ़ सकते हैं।

## सकारात्मक मानसिकता की आवश्यकता:

सकारात्मक मानसिकता का मतलब सिर्फ खुश रहना या मुस्कुराना नहीं है, बल्कि हर परिस्थिति में समाधान ढूँढना है। नेटवर्क मार्केटिंग में चुनौतियाँ और अस्वीकृतियाँ जरूर आएँगी, लेकिन अगर आप सकारात्मक सोच के साथ काम करेंगे, तो आप इन समस्याओं से निपटने का रास्ता खोज पाएंगे। इस सोच से आप निराश नहीं होंगे, बल्कि आगे बढ़ने के लिए प्रेरित रहेंगे। सकारात्मक मानसिकता आपको हर मुश्किल में समाधान दिखाती है और आपको सफलता की ओर बढ़ने में मदद करती है।

**वास्तविक उदाहरण:**

रीमा सेन ने नेटवर्क मार्केटिंग में अपने करियर की शुरुआत बड़े उत्साह के साथ की,

लेकिन शुरुआती दिनों में उन्हें कई कठिनाइयों का सामना करना पड़ा। उनके कई संभावित ग्राहकों ने उनके प्रस्ताव को ठुकरा दिया, जिससे उन्हें अस्वीकृति का सामना करना पड़ा। ऐसे समय में जहां लोग हार मान सकते हैं, रीमा ने अपनी सोच को सकारात्मक बनाए रखा। उन्होंने अस्वीकृतियों को निराशा के रूप में नहीं, बल्कि सीखने के अवसर के रूप में लिया।

रीमा ने हर अस्वीकृति से कुछ नया सीखा और अपने कौशल में लगातार सुधार किया। उन्होंने यह समझा कि ग्राहकों की जरूरतों को समझना और उनके साथ व्यक्तिगत रूप से जुड़ना कितना महत्त्वपूर्ण है। इस सोच के साथ उन्होंने अपनी रणनीतियों को बेहतर बनाया और लगातार मेहनत करती रहीं। धीरे-धीरे, उनके प्रयासों का फल दिखने लगा। उनकी मेहनत और सकारात्मक दृष्टिकोण ने उन्हें नेटवर्क मार्केटिंग में सफलता की ओर अग्रसर किया।

आज, रीमा सेन अपनी कंपनी की सबसे सफल सदस्य हैं और उन्होंने एक मजबूत टीम का निर्माण किया है। उनकी कहानी यह सिखाती है कि जब आप सकारात्मक मानसिकता और निरंतर प्रयास के साथ आगे बढ़ते हैं, तो अस्वीकृतियाँ भी आपको सफलता की ओर ले जाती हैं।

## खुद पर विश्वास करना:

खुद पर विश्वास होना नेटवर्क मार्केटिंग में सफलता की कुंजी है। जब आप अपने आप पर और अपनी क्षमताओं पर भरोसा रखते हैं, तो आप चुनौतियों का सामना करने के लिए तैयार रहते हैं। नेटवर्क मार्केटिंग में अक्सर आपको अस्वीकृति, प्रतिस्पर्धा और कठिनाइयों का सामना करना पड़ता है, लेकिन आत्म-विश्वास आपको इन सभी से आगे बढ़ने की ताकत देता है। जब आप खुद पर विश्वास करते हैं, तो आपका आत्मविश्वास दूसरों तक पहुँचता है, जिससे लोग आपसे जुड़ने के लिए प्रेरित होते हैं। आपकी सकारात्मक सोच और दृढ़ता आपके आसपास के लोगों को भी प्रभावित करती है। इसके साथ ही, आत्म-विश्वास आपको नई रणनीतियाँ अपनाने, अपने काम में सुधार लाने और लगातार सीखने की प्रेरणा देता है।

खुद पर भरोसा रखना ही वह ताकत है, जो आपको नेटवर्क मार्केटिंग में न केवल एक बेहतर नेता बनाती है, बल्कि आपको दीर्घकालिक सफलता की ओर भी ले जाती है।

**वास्तविक उदाहरण:** अंकित बोस, रायपुर (सफल लीडर) एक साधारण युवा था,

जिसने नेटवर्क मार्केटिंग में अपना करियर बनाने का निर्णय लिया। शुरुआत में, उसे खुद पर संदेह था कि वह इस व्यवसाय में सफल हो पाएगा या नहीं। उसके परिवार और दोस्तों ने भी उसे इस क्षेत्र में जाने से मना किया, यह कहकर कि यह व्यवसाय स्थिर नहीं होता। लेकिन अंकित ने हिम्मत नहीं हारी और खुद पर विश्वास करते हुए आगे बढ़ने का फैसला किया।

अंकित ने सोचा, "अगर दूसरे लोग इस व्यवसाय में सफल हो सकते हैं, तो मैं क्यों नहीं?" उसने अपनी छोटी-छोटी सफलताओं को भी बड़ी उपलब्धि मानते हुए अपने आत्म-विश्वास को बढ़ाया। उसकी मेहनत और दृढ़ संकल्प ने उसे निरंतर आगे बढ़ने की प्रेरणा दी। धीरे-धीरे उसकी टीम का विस्तार हुआ और उसकी नेटवर्किंग की कुशलता से उसका व्यवसाय भी तेजी से बढ़ने लगा।

आज अंकित बोस एक सफल नेटवर्क मार्केटर है, जिसने अपने संदेहों और चुनौतियों को पीछे छोड़ते हुए बड़ी सफलता प्राप्त की है। उसकी कहानी उन लोगों के लिए प्रेरणादायक है जो खुद पर विश्वास नहीं कर पाते।

**सीख:** खुद पर विश्वास और निरंतर प्रयास से आप किसी भी चुनौती का सामना कर सकते हैं और अपने लक्ष्यों को प्राप्त कर सकते हैं।

## कठिनाइयों और चुनौतियों का सामना कैसे करें:

नेटवर्क मार्केटिंग में चुनौतियों का सामना करना बहुत सामान्य है। इस व्यवसाय में अस्वीकृति, असफलता और धीमी प्रगति जैसी समस्याओं से हर कोई गुजरता है। कई बार लोग आपके प्रस्ताव को मना कर देते हैं, या आपकी मेहनत का परिणाम तुरंत नहीं मिलता। लेकिन जो लोग इस क्षेत्र में सफल होते हैं, वे इन चुनौतियों से भागने के बजाय उनका सामना करते हैं। सफल लोग हर असफलता से कुछ न कुछ सीखते हैं और अपने अनुभवों से खुद को बेहतर बनाते हैं। कठिनाइयाँ आना जीवन का हिस्सा है, लेकिन यह महत्त्वपूर्ण है कि आप उन पर कैसे प्रतिक्रिया देते हैं। सकारात्मक दृष्टिकोण के साथ चुनौतियों का सामना करने से ही आप सफलता की ओर बढ़ सकते हैं।

चुनौतियों को एक अवसर के रूप में देखें और उनसे सीखते हुए आगे बढ़ें। यही मानसिकता आपको नेटवर्क मार्केटिंग में सफल बनाएगी।

**वास्तविक उदाहरण:** सुनील कुमार, नागपुर (नेटवर्क लीडर) ने नेटवर्क मार्केटिंग में एक साल तक लगातार मेहनत की, लेकिन उसे वह सफलता नहीं मिली जिसकी उसने

उम्मीद की थी। उसके कई दोस्त और रिश्तेदार इस व्यवसाय में शामिल होने से मना कर रहे थे, जिससे सुनील के लिए हालात मुश्किल हो गए थे। निराश होने की स्थिति में होते हुए भी सुनील ने हार नहीं मानी। उसने इन अस्वीकृतियों को एक चुनौती के रूप में लिया और सोचने लगा कि क्या बेहतर किया जा सकता है।

सुनील ने अपनी रणनीति पर दोबारा विचार किया और नए तरीकों को अपनाया। उसने अपनी प्रस्तुति शैली को सुधारा, सोशल मीडिया का उपयोग शुरू किया, और अपने ग्राहकों से व्यक्तिगत रूप से जुड़ने की कोशिश की। धीरे-धीरे, उसे सकारात्मक परिणाम मिलने लगे और उसकी मेहनत रंग लाई। आज, सुनील की अपनी एक बड़ी टीम है और वह दूसरों को भी नेटवर्क मार्केटिंग की चुनौतियों का सामना करने और सफल होने के तरीकों के बारे में सिखा रहा है।

**सीख:** कठिनाइयाँ किसी भी व्यवसाय का हिस्सा होती हैं, लेकिन उनसे सीखकर और बेहतर रणनीति अपनाकर ही सफलता मिलती है। चुनौतियाँ आपको मजबूत बनाती हैं और सही दृष्टिकोण से उन्हें अवसर में बदला जा सकता है।

## आत्म-प्रेरणा के सूत्र :

नेटवर्क मार्केटिंग में आत्म-प्रेरणा एक बहुत ही महत्त्वपूर्ण गुण है। जब आप अपने काम के प्रति जुनून और समर्पण महसूस करते हैं, तो आपको किसी और से प्रेरणा लेने की जरूरत नहीं होती। आत्म-प्रेरणा का मतलब है कि आप खुद से प्रेरित होकर अपने लक्ष्य की दिशा में निरंतर काम करते रहें, चाहे कोई आपको प्रेरित करे या नहीं। यह आपको बिना किसी बाहरी दबाव के आगे बढ़ने और सफलता हासिल करने में मदद करता है। आत्मप्रेरित व्यक्ति चुनौतियों का सामना करते हुए भी अपने उद्देश्य की ओर बढ़ता है।

**वास्तविक उदाहरण:** माया दीक्षित, भोपाल (सफल वितरक) एक साधारण गृहिणी थी, जिसकी प्राथमिकता उसके परिवार और बच्चों की देखभाल थी। जब उसने नेटवर्क मार्केटिंग से जुड़ने का निर्णय लिया, तो उसे लगा कि वह अपनी जिम्मेदारियों के चलते इस व्यवसाय में ज्यादा कुछ नहीं कर पाएगी। लेकिन माया ने हार मानने की बजाय खुद को प्रेरित किया। उसने तय किया कि वह अपनी मेहनत और लगन से इस व्यवसाय में सफलता हासिल करेगी। माया ने रोज़ थोड़ा-थोड़ा काम करना शुरू किया और अपनी जिम्मेदारियों के साथ समय को संतुलित करते हुए अपने नेटवर्क को बढ़ाना शुरू किया। धीरे-धीरे उसकी मेहनत का फल मिलने लगा और आज माया अपनी खुद की टीम चला रही है।

अब माया आत्म-निर्भर है और आर्थिक रूप से स्वतंत्र हो चुकी है। उसकी कहानी उन महिलाओं के लिए प्रेरणादायक है, जो अपने परिवार की जिम्मेदारियों के साथ-साथ अपने सपनों को पूरा करना चाहती हैं।

**सीख:** आत्म-प्रेरणा का मतलब है कि आप खुद को प्रोत्साहित करें और अपने लक्ष्य की ओर निरंतर प्रयास करें। जब आप खुद से प्रेरित होते हैं, तो कोई भी चुनौती आपके रास्ते की रुकावट नहीं बन सकती।

## निष्कर्ष

सफलता की मानसिकता वह आधार है जिस पर आपका पूरा नेटवर्क मार्केटिंग व्यवसाय टिका हुआ होता है। सकारात्मक दृष्टिकोण, आत्म-विश्वास, चुनौतियों का सामना करने की क्षमता और आत्म-प्रेरणा जैसे गुण आपको इस व्यवसाय में न केवल सफल बनाएंगे, बल्कि आपको एक मजबूत लीडर के रूप में भी उभरने में मदद करेंगे।

जब आप खुद पर विश्वास करते हैं और सकारात्मक मानसिकता अपनाते हैं, तो आपकी सफलता सुनिश्चित हो जाती है। कठिनाइयाँ केवल आपके रास्ते में कुछ देर के लिए रुकावट पैदा करती हैं, लेकिन सही मानसिकता के साथ आप उन्हें पार कर सकते हैं और अपने लक्ष्यों को प्राप्त कर सकते हैं।

नेटवर्क मार्केटिंग में, आपके विचार और दृष्टिकोण आपकी सबसे बड़ी संपत्ति हैं। इनका सही इस्तेमाल करके, आप वह सब कुछ हासिल कर सकते हैं जो आप इस व्यवसाय में चाहते हैं।

**अब हम आपके सामने कुछ सवाल रख रहे हैं, जिनके जवाब आपको खुद देने होंगे। ये सवाल बेहद जरूरी हैं और आपके व्यवसाय और व्यक्तिगत विकास के लिए महत्त्वपूर्ण साबित हो सकते हैं:**

1. **सकारात्मक मानसिकता:**
   - **सवाल:** आपके लिए सकारात्मक मानसिकता क्या मायने रखती है, और आप इसे अपने जीवन में कैसे लागू करेंगे?
   - ***सवाल:*** किसी हालिया चुनौती को सोचें और उसे सकारात्मक तरीके से हल करने के लिए आप क्या कर सकते थे?

2. ***खुद पर विश्वास:***

- ***सवाल:*** खुद पर विश्वास बढ़ाने के लिए आप क्या कदम उठा रहे हैं?
- ***सवाल:*** एक ऐसा उदाहरण साझा करें, जहाँ आपने खुद पर विश्वास करते हुए किसी कठिन परिस्थिति को संभाला हो।

3. ***चुनौतियों का सामना:***

- ***सवाल:*** आपने हाल ही में किस चुनौती का सामना किया, और उससे आपने क्या सीखा?
- ***सवाल:*** अगली बार जब कोई चुनौती आएगी, तो आप उसे कैसे हल करेंगे?

4. ***आत्म-प्रेरणा:***

- ***सवाल:*** आप खुद को कैसे प्रेरित रखते हैं? अपनी दैनिक दिनचर्या में आत्म-प्रेरणा के कौन से सूत्र लागू करते हैं?
- ***सवाल:*** किस समय में आपको अपनी आत्म-प्रेरणा की सबसे ज्यादा जरूरत पड़ी, और आपने कैसे उसे बनाए रखा?

## संदेश

**“आपकी मानसिकता ही आपका मार्गदर्शन करती है।”**

रीमा, अंकित, सुनील, और माया जैसे लोग किसी भी सामान्य व्यक्ति की तरह थे, लेकिन उनके पास एक खास गुण था उनकी सकारात्मक सोच, खुद पर विश्वास, और आत्म-प्रेरणा। इन गुणों ने उन्हें सफलता की ओर अग्रसर किया। जब भी आपको लगे कि रास्ता कठिन है, बस एक कदम और बढ़ाएँ। हर असफलता आपके अनुभव को मजबूत करती है, और हर चुनौती आपकी क्षमता को नया रूप देती है।

**आप जो भी सोच सकते हैं, उसे हासिल कर सकते हैं—बस आपको खुद पर विश्वास रखना होगा।**

5

# एक अच्छा नेटवर्क मार्केटर बनने के लिए नैतिकता और ईमानदारी का महत्त्व

नेटवर्क मार्केटिंग एक ऐसा व्यवसाय है, जिसमें आप जितना लोगों के साथ जुड़ते हैं और उनसे संबंध बनाते हैं, उतनी ही आपकी सफलता की संभावना बढ़ती है। लेकिन इस व्यवसाय में सफल होने के लिए केवल लोगों से मिलना और उन्हें अपने उत्पादों के बारे में बताना काफी नहीं है। आपको एक अच्छा और सफल नेटवर्क मार्केटर बनने के लिए एथिक्स (नैतिकता) और ईमानदारी का पालन करना बहुत जरूरी है। नैतिकता और ईमानदारी से ही आप अपने ग्राहकों और टीम मेंबर्स के साथ विश्वास कायम कर सकते हैं, जो इस व्यवसाय की नींव है।

## नैतिकता और ईमानदारी का महत्त्व :

नैतिकता और ईमानदारी का अर्थ है कि आप अपने ग्राहकों और टीम के सदस्यों के साथ सही और सच्ची जानकारी साझा करें, बिना किसी धोखे या भ्रामक जानकारी के। जब आप अपने ग्राहकों को सही जानकारी देते हैं, तो वे आप पर और आपके उत्पादों पर भरोसा करते हैं। यह विश्वास लंबे समय तक चलता है और आपके व्यवसाय की स्थिरता को बढ़ाता है।

अक्सर नेटवर्क मार्केटिंग में लोग जल्दी पैसा कमाने के लिए गलत तरीके अपनाते हैं, जैसे कि उत्पादों की झूठी तारीफ करना या असली लाभ से ज्यादा बताना। लेकिन यह केवल तात्कालिक लाभ दे सकता है। दीर्घकालिक सफलता पाने के लिए जरूरी है कि आप अपने ग्राहकों को सही जानकारी दें और उन्हें सच्ची सलाह दें। जब आप अपने ग्राहकों के हित को प्राथमिकता देते हैं, तो वे आपके प्रति वफादार रहते हैं और बार-बार आपसे जुड़ते हैं।

## ग्राहकों के साथ विश्वास कैसे बनाए रखें:

ग्राहकों के साथ विश्वास बनाना और उसे बनाए रखना बहुत महत्त्वपूर्ण है। अगर एक बार आपका ग्राहक आप पर विश्वास कर लेता है, तो वह न केवल आपके उत्पादों को खरीदता है, बल्कि दूसरों को भी आपके बारे में बताता है।

**ग्राहकों के साथ विश्वास बनाए रखने के कुछ** महत्त्वपूर्ण **तरीके इस प्रकार हैं:**

- **सही जानकारी दें:** हमेशा अपने उत्पादों के बारे में सच्ची जानकारी साझा करें। अगर किसी उत्पाद का कोई दुष्प्रभाव हो सकता है, तो उसे भी बताएं। इससे ग्राहक को लगेगा कि आप उसके हित का ख्याल रखते हैं।
- **ग्राहकों की समस्याओं को सुनें:** अगर किसी ग्राहक को कोई समस्या होती है, तो उसे ध्यान से सुनें और उसकी समस्या का समाधान करने का प्रयास करें। यह विश्वास बनाने का सबसे प्रभावी तरीका है।
- **ईमानदारी से काम करें:** अपने ग्राहकों से कोई झूठा वादा न करें। उन्हें वही बताएं जो सच हो और जिसे आप पूरा कर सकते हैं। इस तरह से आप अपने ग्राहकों के दिल में अपनी एक सच्ची और ईमानदार छवि बना सकते हैं।

## टीम मेंबर्स के साथ विश्वास कैसे बनाए रखें:

टीम मेंबर्स के साथ भी ईमानदारी और नैतिकता से काम करना जरूरी है। जब आपकी टीम आप पर विश्वास करती है, तो वे आपके साथ लंबे समय तक काम करने के लिए तैयार रहते हैं।

- ***खुला संवाद रखें:*** *टीम के साथ हमेशा खुला और ईमानदार संवाद रखें। उनकी समस्याओं को सुनें और उन्हें सही दिशा में मार्गदर्शन करें।*

- ***समर्थन दें:*** *जब भी आपकी टीम को किसी मदद की जरूरत हो, तो उन्हें समर्थन दें। जब वे देखेंगे कि आप उनके साथ खड़े हैं, तो उनका विश्वास आप पर और भी बढ़ जाएगा।*
- ***सही प्रशिक्षण दें:*** *अपनी टीम को हमेशा सही और सटीक प्रशिक्षण दें ताकि वे भी नैतिकता और ईमानदारी के साथ काम कर सकें। यह आपकी टीम के भीतर सकारात्मक माहौल बनाएगा और आपकी टीम को सफल बनाएगा।*

नैतिकता और ईमानदारी नेटवर्क मार्केटिंग में दीर्घकालिक सफलता का आधार है। अगर आप अपने ग्राहकों और टीम मेंबर्स के साथ ईमानदारी और नैतिकता से काम करते हैं, तो आप उनके साथ एक मजबूत और दीर्घकालिक संबंध बना सकते हैं। यह संबंध न केवल आपको व्यवसाय में सफल बनाएगा, बल्कि आपको एक भरोसेमंद और सम्मानित नेटवर्क मार्केटर भी बनाएगा। जब लोग आप पर विश्वास करते हैं, तो वे हमेशा आपके साथ बने रहते हैं और आपके व्यवसाय को बढ़ाने में मदद करते हैं। इसलिए, एक अच्छा नेटवर्क मार्केटर बनने के लिए नैतिकता और ईमानदारी का पालन करना अनिवार्य है।

*अब हम आपके सामने कुछ सवाल रख रहे हैं, जिनके जवाब आपको खुद देने होंगे। ये सवाल बेहद जरूरी हैं और आपके व्यवसाय और व्यक्तिगत विकास के लिए महत्त्वपूर्ण साबित हो सकते हैं:*

- **सवाल :** क्या आप अपने ग्राहकों और टीम के सदस्यों के साथ हमेशा ईमानदारी से काम करते हैं?

  **हाँ/नहीं**
- **सवाल :** आपने कब आखिरी बार अपने किसी ग्राहक या टीम मेंबर की समस्या को सुना और उसका समाधान किया?

  **उत्तर दें**
- **सवाल :** क्या आप अपने उत्पादों की जानकारी देते समय उनकी खूबियों के साथ-साथ उनकी सीमाओं के बारे में भी बताते हैं?

  **हाँ/नहीं**
- **सवाल:** टीम मेंबरों के साथ आपकी बातचीत कितनी पारदर्शी है?

  **बहुत/मध्यम/कम**

## संदेश

**"आपकी ईमानदारी ही आपकी सबसे बड़ी पूँजी है। "**

नेटवर्क मार्केटिंग में दीर्घकालिक सफलता के लिए नैतिकता और सच्चाई से काम करना जरूरी है। जब आप अपने ग्राहकों और टीम के साथ ईमानदारी से पेश आते हैं, तो आप उनका विश्वास जीतते हैं। यही विश्वास आपको स्थायी सफलता की ओर ले जाता है। हमेशा याद रखें, सच्चाई और नैतिकता से किया गया काम आपको ऊँचाइयों तक पहुँचाएगा।"

# 6

# स्पष्ट और प्राप्त करने योग्य लक्ष्य बनाना

नेटवर्क मार्केटिंग में सफलता पाने के लिए स्पष्ट और प्राप्त करने योग्य लक्ष्य बनाना बेहद महत्त्वपूर्ण है। लक्ष्य न केवल आपके व्यवसाय को सही दिशा देने में मदद करते हैं, बल्कि वे आपको प्रेरित भी रखते हैं। जब आप एक स्पष्ट उद्देश्य के साथ काम करते हैं, तो आपके पास यह जानने का तरीका होता है कि आप कहाँ जा रहे हैं और आपको क्या करना है। बिना लक्ष्य के काम करना ऐसा है जैसे बिना नक्शे के सफर पर निकलना आप रास्ता भटक सकते हैं या मंजिल तक पहुंचने में देरी हो सकती है।

गोल सेट करते समय ध्यान रखें कि वे वास्तविक और मापने योग्य हों। उदाहरण के लिए, यदि आपका लक्ष्य है कि आप एक महीने में 10 नए ग्राहक जोड़ें, तो इसे छोटे-छोटे कार्यों में बांटें और हर दिन प्रगति की समीक्षा करें। यह रणनीति आपको आपके बड़े लक्ष्य की ओर तेजी से बढ़ने में मदद करेगी।

सही लक्ष्यों के साथ काम करने से नेटवर्क मार्केटिंग में आपकी सफलता की संभावना बढ़ जाती है।

## लक्ष्य निर्धारित करने का महत्त्व:

जब आप अपने व्यवसाय में लक्ष्य निर्धारित करते हैं, तो यह आपको एक स्पष्ट दिशा देता है। यह बताता है कि आपको कहाँ पहुँचना है और किन कदमों को उठाना है। इससे आपके प्रयास सही दिशा में केंद्रित रहते हैं, और आप अपने उद्देश्य के प्रति लगातार काम

करते हैं। बिना लक्ष्य के, आपके प्रयास बिखर सकते हैं और आप आसानी से अपने रास्ते से भटक सकते हैं। इसलिए, सफलता पाने के लिए लक्ष्य बनाना जरूरी है, क्योंकि यह आपके काम को संगठित और प्रभावी बनाता है।

**वास्तविक जीवन की कहानी:** रवि चौहान, दिल्ली (सफल वितरक और लीडर) नाम का एक युवक नेटवर्क मार्केटिंग से जुड़ा, लेकिन शुरुआत में उसने बिना किसी स्पष्ट लक्ष्य के काम करना शुरू किया। वह हर दिन नए लोगों से मिलता और उत्पाद बेचने की कोशिश करता, लेकिन उसे यह नहीं पता था कि वह किस दिशा में जा रहा है। कुछ समय बाद, उसके मेंटर ने उसे सलाह दी कि वह अपने व्यवसाय के लिए स्पष्ट लक्ष्य बनाए। इसके बाद, रवि ने महीने भर के लक्ष्य तय किए—जैसे कि एक महीने में 10 नए ग्राहकों को जोड़ना और अपनी टीम में 3 नए सदस्यों को शामिल करना। जब रवि ने यह लक्ष्य बनाए, तो उसने मेहनत की जिससे फोकस बढ़ गया और वह सही दिशा में काम करने लगा। कुछ ही महीनों में, रवि ने अपनी टीम को तीन गुना कर लिया और उसकी आय में भी बढ़ोत्तरी हुई।

**सीख:** स्पष्ट लक्ष्य आपको दिशा देते हैं और आपकी मेहनत को सही दिशा में केंद्रित करते हैं। जब आपको पता होता है कि आप कहाँ जाना चाहते हैं, तो आपकी हर कोशिश का एक उद्देश्य होता है और आप सफलता की ओर बढ़ते हैं।

**SMART (Specific, Measurable, Achievable, Relevant, Time-bound)**

## लक्ष्य प्रणाली:

जब हम लक्ष्य निर्धारित करते हैं, तो यह जरूरी है कि वे केवल सपने न हों, बल्कि वे वास्तविक और प्राप्त करने योग्य हों। SMART प्रणाली एक ऐसा तरीका है जो आपके लक्ष्यों को ठोस और प्राप्त करने योग्य बनाता है।

- **Specific (विशिष्ट):** आपका लक्ष्य स्पष्ट और विशेष होना चाहिए। उदाहरण के लिए, "मुझे अधिक ग्राहक चाहिए" कि बजाय "मुझे इस महीने 5 नए ग्राहक जोड़ने हैं " कहना बेहतर होता है।
- **Measurable (मापने योग्य):** आपका लक्ष्य ऐसा होना चाहिए जिसे आप माप सकें। इससे आपको अपनी प्रगति को ट्रैक करने में मदद मिलेगी।

- **Achievable (प्राप्त करने योग्य):** लक्ष्य ऐसा होना चाहिए जो आपके लिए संभव हो। अगर आप अत्यधिक ऊँचे लक्ष्य तय करेंगे, तो निराशा हो सकती है।
- **Relevant (संबंधित):** आपके लक्ष्य आपके बड़े उद्देश्य से मेल खाने चाहिए। ऐसा न हो कि आप ऐसी चीज पर समय बर्बाद कर रहे हों, जो आपके मुख्य उद्देश्य से संबंधित न हो।
- **Time-bound (समय-सीमा वाला):** लक्ष्य के साथ एक निश्चित समय-सीमा होनी चाहिए। इससे आपको अपने कार्यों में अनुशासन और दिशा मिलती है।

**वास्तविक जीवन की कहानी:** नीलम, दिल्ली (सफल वितरक और लीडर)एक नेटवर्क मार्केटर थीं, जिन्होंने SMART प्रणाली को अपनाकर अपने व्यवसाय में बड़ी सफलता पाई। SMART प्रणाली का मतलब होता है कि आपके लक्ष्य Specific (विशिष्ट), Measurable (मापने योग्य), Achievable (प्राप्त करने योग्य), Relevant (उद्देश्य से संबंधित), और Time-bound (समय-सीमा) होने चाहिए। नीलम ने अपने व्यवसाय के लिए एक विशिष्ट लक्ष्य बनाया—"6 महीने में अपनी टीम में 20 नए सदस्य जोड़ना।" उसने यह सुनिश्चित किया कि उसका लक्ष्य मापने योग्य हो, इसलिए उसने हर महीने 3-4 नए सदस्य जोड़ने का प्रयास किया। यह लक्ष्य उसके लिए प्राप्त करने योग्य था, क्योंकि वह अपनी क्षमताओं के अनुसार काम कर रही थी और सही रणनीतियाँ अपनाई थीं। यह उद्देश्य से संबंधित था, क्योंकि इससे उसका व्यवसाय तेजी से बढ़ने वाला था। अंत में, उसने इस लक्ष्य को 6 महीने की समय-सीमा के भीतर पूरा किया।

**सीख:** SMART प्रणाली का उपयोग करके आप अपने लक्ष्यों को और भी अधिक प्रभावी बना सकते हैं। इससे आप न सिर्फ लक्ष्य बनाते हैं, बल्कि उन्हें मापने और प्राप्त करने की स्पष्ट योजना भी तैयार करते हैं, जो आपकी सफलता के लिए महत्त्वपूर्ण है।

## अल्पकालिक और दीर्घकालिक लक्ष्य:

नेटवर्क मार्केटिंग में सफलता के लिए, आपको दो प्रकार के लक्ष्य बनाने होते हैं—अल्पकालिक (Short-term) औरदीर्घकालिक (Long-term)। अल्पकालिक लक्ष्य वे होते हैं, जिन्हें आप तुरंत प्राप्त करना चाहते हैं, जैसे एक महीने में 5 नए ग्राहक जोड़ना या 2 नए टीम मेंबर्स को शामिल करना। दीर्घकालिक लक्ष्य वे होते हैं जो आप अपने करियर के बड़े

हिस्से में हासिल करना चाहते हैं, जैसे एक साल में एक विशिष्ट रैंक तक पहुँचना या अपने व्यवसाय को अंतरराष्ट्रीय स्तर पर फैलाना।

**वास्तविक जीवन की कहानी:** संगीता शर्मा, कानपुर (लीडर और नेटवर्क बिल्डर) ने नेटवर्क मार्केटिंग में अपनी शुरुआत बिना किसी दीर्घकालिक योजना के की थी, जिससे उसे दिशा की कमी महसूस हो रही थी। उसके मेंटर ने उसे सलाह दी कि वह छोटे-छोटे अल्पकालिक लक्ष्य तय करके आत्मविश्वास बढ़ा सकती है। इस सुझाव पर अमल करते हुए संगीता ने पहला लक्ष्य बनाया—"अगले महीने तक 5 नए ग्राहक बनाना।" जब उसने यह लक्ष्य सफलतापूर्वक प्राप्त कर लिया, तो उसका आत्मविश्वास बढ़ गया और उसे अपनी क्षमताओं पर भरोसा होने लगा। इसके बाद, उसने एक दीर्घकालिक लक्ष्य बनाया— "एक साल में 100 लोगों की टीम बनाना।" इन अल्पकालिक और दीर्घकालिक लक्ष्यों के साथ, संगीता ने धीरे-धीरे अपने व्यवसाय को आगे बढ़ाया। उसकी मेहनत और सही रणनीतियों ने उसे सफलता दिलाई, और वह एक बड़ी टीम की लीडर बन गई।

**सीख:** अल्पकालिक और दीर्घकालिक लक्ष्य आपके व्यवसाय को दिशा देने में मदद करते हैं। छोटे-छोटे लक्ष्य आपको प्रेरित रखते हैं और आत्मविश्वास बढ़ाते हैं, जबकि दीर्घकालिक लक्ष्य आपकी दृष्टि को स्पष्ट करते हैं और आपको एक स्थायी योजना के साथ आगे बढ़ने का मार्ग दिखाते हैं।

## अपनी प्रगति को नियमित रूप से मापें:

लक्ष्य निर्धारित करने के बाद, आपकी सफलता सुनिश्चित करने के लिए यह बेहद जरूरी है कि आप अपनी प्रगति को नियमित रूप से मापें। जब आप अपनी प्रगति को ट्रैक करते हैं, तो आपको यह स्पष्ट होता है कि आप सही दिशा में आगे बढ़ रहे हैं या कहीं रुकावट आ रही है। इससे आपको यह समझने में मदद मिलती है कि किस क्षेत्र में सुधार की आवश्यकता है और किसमें आप सही कर रहे हैं।

**प्रगति को मापने के कुछ प्रभावी तरीके:**

1. **साप्ताहिक समीक्षा:** हर हफ्ते अपने लक्ष्यों की समीक्षा करें और देखें कि आपने कितना काम किया है। इससे आपको यह पता चलेगा कि क्या आप सही समय पर अपने लक्ष्य की ओर बढ़ रहे हैं या आपको अधिक मेहनत करने की आवश्यकता है।

2. **मूल्यांकन और सुधार:** यदि आप पाते हैं कि आप अपने निर्धारित लक्ष्य से पीछे हैं, तो आपको अपनी रणनीति में सुधार करने की जरूरत है। सोचें कि आप किन तरीकों को बदल सकते हैं या क्या नया प्रयास कर सकते हैं।
3. **सेल्स और नेटवर्क डेटा:** अपनी बिक्री, नए ग्राहकों की संख्या और टीम के विस्तार का डेटा नियमित रूप से देखें। यह जानकारी आपको यह समझने में मदद करती है कि आपका व्यवसाय किस दिशा में जा रहा है और क्या आप अपने लक्ष्यों के करीब पहुंच रहे हैं।

अपनी प्रगति को मापना आपको सही दिशा में बनाए रखता है। इससे आप न केवल यह जान सकते हैं कि आपने क्या हासिल किया है, बल्कि यह भी कि आपको किन क्षेत्रों में सुधार की जरूरत है। लगातार मूल्यांकन और सुधार से आप अपने लक्ष्यों को समय पर और प्रभावी ढंग से प्राप्त कर सकते हैं।

**वास्तविक जीवन की कहानी:** विनय जैन, रायपुर (सफल लीडर) एक नेटवर्क मार्केटर था जिसने अपने लक्ष्य तो बनाए थे, लेकिन वह अपनी प्रगति को नियमित रूप से मापता नहीं था। उसे अंदाजा नहीं था कि वह अपने लक्ष्य की दिशा में कितना आगे बढ़ रहा है या कुछ क्षेत्रों में पीछे रह गया है। उसके मेंटर ने उसे सलाह दी कि वह हर सप्ताह अपनी प्रगति की समीक्षा करे और यह समझे कि उसकी रणनीति कहां काम कर रही है और कहां उसे बदलाव की जरूरत है।

विनय ने अपने मेंटर की सलाह मानी और अपनी प्रगति को ट्रैक करना शुरू किया। उसने देखा कि कुछ महत्त्वपूर्ण क्षेत्रों में वह अपेक्षित परिणाम नहीं पा रहा था। इस जानकारी के साथ, उसने अपनी रणनीति में सुधार किया, उन क्षेत्रों पर अधिक ध्यान दिया, और धीरे-धीरे उसकी सफलता में तेजी आने लगी।

**सीख:** प्रगति को मापना आवश्यक है, क्योंकि इससे आपको यह स्पष्ट होता है कि आप अपने लक्ष्यों की दिशा में सही कदम उठा रहे हैं या नहीं। नियमित मूल्यांकन से आप अपनी कमजोरियों को पहचान सकते हैं और अपनी रणनीति को सही दिशा में मोड़ सकते हैं, जिससे आपकी सफलता की संभावना बढ़ जाती है।

## निष्कर्ष

स्पष्ट और प्राप्त करने योग्य लक्ष्य बनाना नेटवर्क मार्केटिंग में सफलता की एक महत्त्वपूर्ण कुंजी है। जब आप SMART प्रणाली का उपयोग करते हैं, अल्पकालिक और दीर्घकालिक लक्ष्य बनाते हैं, और अपनी प्रगति को मापते हैं, तो आपकी सफलता की संभावना बढ़ जाती है। लक्ष्य आपको स्पष्ट दिशा और प्रेरणा देते हैं, और जब आप उन्हें प्राप्त करते हैं, तो यह आपकी सफलता को और भी ठोस बनाता है।

याद रखें, छोटे-छोटे लक्ष्य और बड़ी दृष्टि ही आपकी सफलता की राह को सरल और स्पष्ट बनाएंगे।

अब हम आपके सामने कुछ सवाल रख रहे हैं, जिनके जवाब आपको खुद देने होंगे। ये सवाल बेहद जरूरी हैं और आपके व्यवसाय और व्यक्तिगत विकास के लिए महत्त्वपूर्ण साबित हो सकते हैं:

1. **लक्ष्य निर्धारित करना:**
   - **सवाल:** आपने अपने व्यवसाय के लिए कौन से अल्पकालिक और दीर्घकालिक लक्ष्य निर्धारित किए हैं?
   - **सवाल:** क्या आपके लक्ष्य SMART प्रणाली के अनुसार हैं? (Specific, Measurable, Achievable, Relevant, Time-bound)

**2. SMART लक्ष्य प्रणाली:**
   - **सवाल:** अपने वर्तमान किसी एक लक्ष्य को SMART प्रणाली के अनुसार विशिष्ट बनाएं। इसे मापने योग्य, प्राप्त करने योग्य, प्रासंगिक और समय-सीमा के अनुसार तय करें।

**3. प्रगति का मूल्यांकन:**
   - **सवाल:** पिछले महीने के दौरान आपकी प्रगति कैसी रही? आपने कौन से लक्ष्यों को पूरा किया, और किस क्षेत्र में सुधार की आवश्यकता है?
   - **सवाल:** आप अपनी प्रगति को मापने के लिए कौन से टूल्स या तरीके अपनाते हैं?

**4. नियमित समीक्षा और सुधार:**

- **सवाल:** क्या आप नियमित रूप से अपने लक्ष्यों की समीक्षा करते हैं? अगर नहीं, तो कब से शुरू करेंगे?
- **सवाल:** यदि आपको किसी क्षेत्र में चुनौतियों का सामना करना पड़ रहा है, तो आप उसे कैसे बेहतर करेंगे?

## संदेश

**"लक्ष्य वो दिशा है जो आपको आपके सपनों की ओर ले जाती है।"**

रवि, नीलम और संगीता जैसे लोगों ने केवल अपने लक्ष्य तय किए और उन्हें प्राप्त करने के लिए कड़ी मेहनत की। जब आप एक स्पष्ट और प्राप्त करने योग्य लक्ष्य बनाते हैं, तो आपका हर कदम सार्थक हो जाता है। याद रखें, छोटे-छोटे कदम आपको बड़ी मंज़िल तक पहुँचाते हैं। अपने लक्ष्य बनाइए, अपनी प्रगति मापिए, और हर दिन थोड़ा बेहतर बनने की कोशिश करिए। सफलता आपकी ओर कदम बढ़ाएगी, अगर आप अपनी दिशा को सही बनाए रखेंगे।

**आपके सपने आपके लक्ष्यों में छिपे हैं, उन्हें हासिल करने की दिशा में कदम उठाएँ।**

नेटवर्क मार्केटिंग में, जब लोग 'नहीं' कहते हैं, तो घबराने की जरूरत नहीं होती। हर 'नहीं' आपको उस व्यक्ति के और करीब लाता है जो 'हां' कहेगा। असफलता को सफलता की सीढ़ी मानें, क्योंकि हर 'नहीं' से आप सीखते हैं और अपने लक्ष्य के और पास पहुंचते हैं। यही सफलता का रास्ता है।

# 7

# लगातार कार्यवाही करें

नेटवर्क मार्केटिंग में सफलता रातोंरात नहीं मिलती। यह एक ऐसी प्रक्रिया है, जिसमें निरंतर प्रयास और धैर्य की जरूरत होती है। हर दिन छोटे-छोटे कदम उठाकर ही आप अपने लक्ष्य की ओर धीरे-धीरे बढ़ते हैं। इसमें नियमितता बेहद महत्त्वपूर्ण होती है।

जब आप हर दिन अपने व्यवसाय के लिए कुछ न कुछ करते हैं, जैसे नए संभावित ग्राहकों से मिलना, अपनी टीम के सदस्यों को प्रशिक्षण देना, या अपने ज्ञान को बढ़ाना तो यह छोटे प्रयास समय के साथ बड़े परिणाम में बदल जाते हैं।

इस व्यवसाय में सफलता पाने के लिए जरूरी है कि आप हार न मानें, भले ही प्रगति धीमी क्यों न हो। लगातार मेहनत और नियमित कार्रवाई से आप अपने व्यवसाय को एक स्थिर और सफल रास्ते पर ला सकते हैं।

निरंतरता और नियमित कार्रवाई आपके व्यवसाय को मजबूती देती है और आपको दीर्घकालिक सफलता की ओर ले जाती है।

## व्यवसाय में निरंतरता का महत्त्व:

जब आप लगातार अपने व्यवसाय पर काम करते हैं, तो यह आपको अनुशासन में

रखता है और आपके काम में स्थिरता और गति बनाए रखता है। निरंतरता से आप अपने ग्राहकों और टीम के सदस्यों को यह संदेश देते हैं कि आप अपने काम को गंभीरता से लेते हैं और पूरी तरह समर्पित हैं। इसका परिणाम यह होता है कि लोग आप पर भरोसा करने लगते हैं और आपके साथ लंबे समय तक जुड़े रहते हैं।

निरंतरता आपको हर दिन बेहतर बनाती है और धीरे-धीरे आपको अपने लक्ष्य के करीब ले जाती है। सफलता पाने के लिए नियमित काम करना और धैर्य बनाए रखना जरूरी है।

**वास्तविक जीवन की कहानी:** सुमित मिश्रा, लखनऊ (नेटवर्क लीडर) नाम का एक युवक नेटवर्क मार्केटिंग में जुड़ा, लेकिन उसकी शुरुआत उतनी अच्छी नहीं रही। पहले कुछ दिनों में उसने जमकर मेहनत की, लेकिन फिर कुछ समय के लिए काम छोड़ दिया। इसका परिणाम यह हुआ कि उसका व्यवसाय ठहर गया और वह निराश होने लगा। तब उसके मेंटर ने उसे सलाह दी कि वह हर दिन थोड़ा-थोड़ा काम करे, चाहे वह कम हो, लेकिन उसे नियमित रूप से करना जरूरी है। सुमित ने अपने मेंटर की सलाह मानी और रोज़ाना अपने काम पर थोड़ा-थोड़ा ध्यान देने लगा। धीरे-धीरे, उसकी मेहनत रंग लाने लगी। सुमित की टीम भी उसकी निरंतरता से प्रेरित होकर अधिक मेहनत करने लगी और व्यवसाय में सुधार आने लगा।

**सीख:** निरंतरता आपकी मेहनत को स्थिरता में बदलती है। यह सुनिश्चित करती है कि आप लगातार अपने लक्ष्य की ओर बढ़ते रहें। छोटे-छोटे कदम आपको धीरे-धीरे सफलता की ओर ले जाते हैं और इससे स्थायी परिणाम मिलते हैं।

## नियमित समय का प्रबंधन:

नेटवर्क मार्केटिंग में सफलता पाने के लिए समय का सही प्रबंधन बेहद जरूरी है। शुरुआत में कई लोग इस व्यवसाय को हल्के में लेते हैं और अपने काम को नियमित समय नहीं देते, जिससे उन्हें अपेक्षित परिणाम नहीं मिलते। लेकिन अगर आप नियमित रूप से अपने काम के लिए समय निर्धारित करते हैं, तो आप अपनी प्रगति को जल्दी देख सकते हैं।

उदाहरण के लिए, अगर आप हर दिन सिर्फ एक घंटे का समय भी अपने व्यवसाय को देते हैं, तो यह धीरे-धीरे आपको सफलता की ओर ले जाएगा। समय का सही प्रबंधन

आपके काम को अनुशासित बनाता है और आपको अपने लक्ष्यों तक पहुंचने में मदद करता है।

**नियमित रूप से काम के लिए समय निर्धारित करने से आपकी मेहनत सही दिशा में जाती है, और सफलता की संभावना बढ़ जाती है।**

**वास्तविक जीवन की कहानी:** मंजू मेहता, चंडीगढ़ की एक गृहिणी थी, जो नेटवर्क मार्केटिंग में अपनी किस्मत आज़माना चाहती थी। लेकिन उसके पास घर और बच्चों की जिम्मेदारियाँ भी थीं। शुरुआत में उसे समय निकालने में मुश्किल हुई, लेकिन फिर उसने अपने दिन का एक निश्चित समय अपने व्यवसाय के लिए निर्धारित किया। हर दिन 2 घंटे का समय उसने केवल नेटवर्क मार्केटिंग के लिए रखा, जिसमें वह नए ग्राहकों से मिलती, फ़ॉलो-अप करती और अपनी टीम से संपर्क करती। नतीजा यह हुआ कि मंजू ने अपने समय को सही तरीके से प्रबंधित किया और धीरे-धीरे उसकी मेहनत का फल उसे मिलने लगा। आज वह एक सफल नेटवर्क मार्केटर है, जो अपने व्यवसाय और परिवार को संतुलित रख पा रही है।

**सीख:** समय का सही प्रबंधन नेटवर्क मार्केटिंग में सफलता की कुंजी है। जब आप अपने दिन के एक निश्चित हिस्से को अपने व्यवसाय के लिए समर्पित करते हैं, तो आप अपने लक्ष्य की ओर तेजी से बढ़ते हैं।

## प्रमुख गतिविधियों पर ध्यान केंद्रित करें:

नेटवर्क मार्केटिंग में कई तरह की गतिविधियाँ होती हैं, लेकिन सभी का आपके व्यवसाय की सफलता पर समान प्रभाव नहीं पड़ता। इसलिए, आपको उन गतिविधियों पर ध्यान केंद्रित करना चाहिए जो सीधे आपकी सफलता में योगदान देती हैं।

सबसे पहले, नए संभावित ग्राहकों से मिलना आपकी प्राथमिकता होनी चाहिए, क्योंकि इससे आपके नेटवर्क का विस्तार होता है। इसके अलावा, टीम का निर्माण और उन्हें प्रशिक्षित करना भी महत्त्वपूर्ण है, ताकि वे भी आपकी तरह काम कर सकें। पुराने ग्राहकों के साथ फ़ॉलो-अप करना जरूरी है, क्योंकि इससे आप उनके साथ संबंध बनाए रखते हैं और वे आपके उत्पादों का बार-बार उपयोग करते हैं।

समय और ऊर्जा उन गतिविधियों में लगाएँ जो आपके व्यवसाय की वृद्धि और सफलता में सीधा योगदान देती हैं, ताकि आप बेहतर और तेज़ परिणाम प्राप्त कर सकें।

**वास्तविक जीवन की कहानी:** प्रीति गर्ग ने जब नेटवर्क मार्केटिंग में कदम रखा, तो उसने कई सारी गतिविधियों में खुद को व्यस्त कर लिया। वह हर छोटी-बड़ी चीज़ पर ध्यान देती थी, चाहे वह मीटिंग्स की तैयारी हो, या सोशल मीडिया पर पोस्ट्स डालना। लेकिन इन सभी कोशिशों के बावजूद, उसकी कमाई में कोई खास बढ़त नहीं हो रही थी। वह निराश होने लगी, तभी उसके मेंटर ने उसे सही दिशा में काम करने की सलाह दी। उन्होंने कहा कि उसे उन कार्यों पर ध्यान देना चाहिए, जो वास्तव में उसकी सफलता में योगदान देते हैं जैसे नए संभावित ग्राहकों से मिलना, अपनी टीम के सदस्यों को प्रेरित करना और पुराने ग्राहकों से फॉलो-अप करना।

प्रीति ने अपनी रणनीति बदली और अपने समय को सही तरीके से मैनेज करना शुरू किया। उसने मुख्य कार्यों पर ध्यान केंद्रित किया और जल्द ही उसके व्यवसाय में सुधार आने लगा। उसकी बिक्री बढ़ी, और उसकी टीम भी मजबूत हुई।

**सीख :** नेटवर्क मार्केटिंग में सफल होने के लिए, आपको उन कार्यों पर ध्यान केंद्रित करना चाहिए जो असल में परिणाम लाते हैं। मेहनत को सही दिशा में लगाने से ही आप बेहतर और प्रभावी परिणाम प्राप्त कर सकते हैं।

## दैनिक दिनचर्या की योजना कैसे बनाएं:

एक सफल नेटवर्क मार्केटर बनने के लिए एक सुसंगत दैनिक दिनचर्या का होना बेहद महत्त्वपूर्ण है। जब आप अपने दिन की योजना पहले से ही बना लेते हैं, तो आप अपने काम को व्यवस्थित और प्रभावी तरीके से कर सकते हैं। एक स्पष्ट दिनचर्या न केवल आपको अनुशासित बनाती है, बल्कि यह भी सुनिश्चित करती है कि आप नियमित रूप से अपने लक्ष्यों की ओर बढ़ रहे हैं।

***यहाँ कुछ महत्त्वपूर्ण सुझाव दिए जा रहे हैं जो आपकी दैनिक दिनचर्या को सफल बना सकते हैं:***

- **सुबह की शुरुआत:** अपने दिन की शुरुआत सकारात्मक सोच और एक छोटे से प्लान के साथ करें। यह सोचें कि आज कौन से तीन प्रमुख कार्य आपको पूरे करने हैं। यह आपको अपने दिन को सही दिशा में शुरू करने में मदद करेगा।
- **समय की प्राथमिकता:** अपने व्यवसाय के लिए सबसे महत्त्वपूर्ण कार्यों को पहले करें। जैसे, नए संभावित ग्राहकों से संपर्क करना, या अपनी टीम से

बातचीत करना। इससे आपका ध्यान महत्त्वपूर्ण कार्यों पर केंद्रित रहेगा।

- **फ़ॉलो-अप:** हर दिन का एक निश्चित समय फ़ॉलो-अप के लिए तय करें। फ़ॉलो-अप से आप अपने संभावित ग्राहकों और टीम मेंबर्स से लगातार संपर्क में रह सकते हैं, जो आपके व्यवसाय के लिए फायदेमंद होगा।
- **नए लोगों से मिलना:** हर दिन कम से कम 1-2 नए लोगों से संपर्क करें या मिलें। यह आपकी नेटवर्किंग को बढ़ाने और व्यवसाय को तेजी से बढ़ाने में मदद करेगा।

एक अच्छी दिनचर्या से आप अपने काम को अनुशासित तरीके से कर पाएंगे, जिससे सफलता की राह आसान हो जाएगी।

**वास्तविक जीवन की कहानी:** रोहित शर्मा, दिल्ली (सफल वितरक और लीडर) ने नेटवर्क मार्केटिंग में शुरुआत की, लेकिन उसे शुरुआत में यह समझ नहीं आया कि वह अपने दिन को कैसे व्यवस्थित करें। बिना किसी योजना के काम करने के कारण वह कई बार असफल रहा और उसकी प्रगति धीमी हो गई। उसके मेंटर ने उसे सलाह दी कि एक सुसंगत दिनचर्या बनाकर काम करे। रोहित ने अपने दिन की योजना तैयार की हर सुबह वह एक घंटे तक नए लोगों से संपर्क करता, फिर अगले एक घंटे में पुराने ग्राहकों से फ़ॉलो-अप करता, और दोपहर में अपनी टीम के साथ मीटिंग करता। इस सुसंगत और योजनाबद्ध दिनचर्या ने न केवल रोहित के काम को व्यवस्थित किया, बल्कि उसकी सफलता को भी सुनिश्चित किया। कुछ ही महीनों में उसकी टीम बढ़ गई और उसका व्यवसाय कई गुना बढ़ गया।

**सीख:** एक सुसंगत दिनचर्या बनाना आपको अनुशासन में रखता है और आपकी सफलता की संभावना को बढ़ाता है। जब आप नियमित रूप से अपने दिन की योजना बनाते हैं, तो आप कम समय में अधिक प्रभावी ढंग से काम कर पाते हैं।

## निष्कर्ष

लगातार कार्रवाई नेटवर्क मार्केटिंग में सफलता की नींव है। जब आप हर दिन अपने व्यवसाय पर थोड़ा-थोड़ा काम करते हैं, तो वह छोटे कदम समय के साथ बड़े परिणामों में बदल जाते हैं। समय का सही प्रबंधन, प्रमुख गतिविधियों पर ध्यान केंद्रित करना, और एक सुसंगत दैनिक दिनचर्या बनाना आपको आपके लक्ष्य तक पहुँचने में मदद करेगा।

**नेटवर्क मार्केटिंग - लगातार कार्यवाही करें**

याद रखें, निरंतरता सफलता की चाबी है। हर दिन छोटे कदम उठाने से आपकी मेहनत धीरे-धीरे रंग लाएगी और आप अपने नेटवर्क मार्केटिंग व्यवसाय में एक सफल मुकाम हासिल कर सकेंगे।

**अब हम आपके सामने कुछ सवाल रख रहे हैं, जिनके जवाब आपको खुद देने होंगे। ये सवाल बेहद जरूरी है और आपके व्यवसाय और व्यक्तिगत विकास के लिए महत्त्वपूर्ण साबित हो सकते हैं:**

1. **निरंतरता का मूल्यांकन:**
   - **सवाल:** क्या आप अपने व्यवसाय में हर दिन लगातार काम कर रहे हैं? अगर नहीं, तो कौन से छोटे कदम उठाकर आप इसे सुधार सकते हैं?
   - **सवाल:** हर दिन आप कितने समय के लिए अपने नेटवर्क मार्केटिंग व्यवसाय पर ध्यान केंद्रित करते हैं?

2. **समय प्रबंधन की समीक्षा :**
   - **सवाल :** क्या आप अपने दिन का एक निश्चित समय नेटवर्क मार्केटिंग के लिए निर्धारित करते हैं? यदि नहीं, तो क्या आप 1-2 घंटे का समय निकाल सकते हैं?
   - **सवाल:** आपके दिन के सबसे महत्त्वपूर्ण कार्य कौन से हैं? क्या आप उन्हें प्राथमिकता दे रहे हैं?

3. **प्रमुख गतिविधियों पर ध्यान :**
   - **सवाल:** आपकी दिनचर्या में कौन से कार्य सीधे आपके व्यवसाय को बढ़ावा देने में मदद करते हैं?
   - **सवाल:** क्या आप नए ग्राहकों से मिलने, फ़ॉलो-अप करने, और अपनी टीम के साथ संवाद करने जैसी प्रमुख गतिविधियों पर ध्यान केंद्रित कर रहे हैं?

4. **दैनिक दिनचर्या की योजना:**
   - **सवाल:** क्या आप हर दिन की शुरुआत अपनी दिनचर्या की योजना

बनाकर करते हैं? अगर नहीं, तो आज से अपनी दिनचर्या को कैसे बेहतर बना सकते हैं?

- **सवाल:** आपने अपने व्यवसाय के लिए कौन सी तीन प्रमुख गतिविधियाँ तय की हैं जो हर दिन पूरी करनी चाहिए?

## संदेश

**"सफलता उन लोगों के पास जाती है जो निरंतर और नियमित रूप से छोटे-छोटे कदम उठाते हैं।"**

सुमित, मंजू, और रोहित जैसे लोगों ने यह दिखाया कि निरंतरता और अनुशासन ही सफलता की असली कुंजी है। जब आप हर दिन थोड़ा-थोड़ा काम करते हैं, तो वही छोटे कदम मिलकर बड़े बदलाव लाते हैं। अपने समय को सही दिशा में लगाइए, प्रमुख गतिविधियों पर ध्यान दीजिए, और अनुशासित दिनचर्या बनाइए। याद रखें, हर कदम आपको आपके लक्ष्य के करीब ले जा रहा है। छोटी जीतों का जश्न मनाइए और सफलता की यात्रा का आनंद उठाइए।

नेटवर्क मार्केटिंग में आपके बनाये हुए रिश्ते ही सबसे बड़ी ताकत होते हैं। जितना अच्छा आप लोगों से जुड़ेंगे और भरोसेमंद संबंध बनाएंगे, उतनी ही आपकी सफलता बढ़ेगी। मजबूत रिश्ते आपको कामयाबी की ओर ले जाते हैं, क्योंकि लोग आप पर भरोसा करके आपका साथ देते हैं।

# 8

# डुप्लीकेशन की शक्ति

नेटवर्क मार्केटिंग में सफलता का एक सबसे महत्त्वपूर्ण तत्व है डुप्लीकेशन। इसका मतलब है कि आप अपने द्वारा उपयोग की जाने वाली रणनीतियों और तरीकों को अपनी टीम के साथ साझा करें ताकि वे भी आपकी सफलता को दोहरा सकें। जब आप एक मजबूत प्रणाली बनाते हैं और इसे अपनी टीम में प्रभावी ढंग से लागू करते हैं, तो आपके व्यवसाय की वृद्धि कई गुना हो जाती है। इस अध्याय में, हम समझेंगे कि डुप्लीकेशन क्या है, यह क्यों महत्त्वपूर्ण है, और कैसे आप इसे अपने नेटवर्क मार्केटिंग व्यवसाय में सफलतापूर्वक लागू कर सकते हैं।

## डुप्लीकेशन का महत्त्व और इसकी परिभाषा :

नेटवर्क मार्केटिंग में डुप्लीकेशन का मतलब है कि जिस प्रकार आप अपने व्यवसाय को चलाते हैं, वही तरीके और रणनीतियाँ आपकी टीम भी अपना सके। यह एक प्रक्रिया है जिसके द्वारा आप अपने अनुभव, कार्यप्रणालियाँ और सफल तकनीकों को टीम के सदस्यों के साथ साझा करते हैं ताकि वे भी आपकी सफलता को दोहरा सकें। डुप्लीकेशन की ताकत यह है कि इससे व्यवसाय की वृद्धि अकेले आपके प्रयासों पर निर्भर नहीं रहती, बल्कि पूरी टीम सामूहिक रूप से आगे बढ़ती है। जब आप एक मजबूत प्रणाली तैयार करते

हैं और इसे अपनी टीम में प्रभावी ढंग से लागू करते हैं, तो यह प्रणाली सभी के लिए एक मार्गदर्शक बन जाती है। इससे टीम के सदस्य स्वतःस्फूर्त तरीके से वही काम करने लगते हैं जो आपने किया है, और व्यवसाय कई गुना तेजी से बढ़ने लगता है। सही तरीके से लागू की गई डुप्लीकेशन न केवल आपके व्यवसाय को स्थिरता प्रदान करती है, बल्कि उसे लगातार आगे बढ़ाने में मदद भी करती है।

**वास्तविक जीवन की कहानी:** संजय चौधरी, कानपुर (लीडर और नेटवर्क बिल्डर) ने नेटवर्क मार्केटिंग में शुरुआत की और कड़ी मेहनत से अच्छे परिणाम हासिल किए। लेकिन उसने देखा कि उसकी टीम के कुछ सदस्य उतनी सफलता नहीं पा रहे थे। संजय ने महसूस किया कि अगर उसकी टीम भी वही रणनीतियाँ अपनाए जो उसने की हैं, तो वे भी बेहतर परिणाम प्राप्त कर सकते हैं। इसलिए, संजय ने अपनी टीम के साथ अपने काम करने का तरीका साझा किया—कैसे ग्राहकों से मिलना चाहिए, फ़ॉलो-अप कैसे करना है, और मजबूत संबंध कैसे बनाए जा सकते हैं। जैसे ही टीम के सदस्यों ने संजय की रणनीतियों की नकल करना शुरू किया, उनकी सफलता भी बढ़ने लगी। अब संजय चौधरी की टीम मिलकर बड़ी उपलब्धियाँ हासिल कर रही है और सब मिलकर व्यवसाय को तेजी से आगे बढ़ा रहे हैं।

डुप्लीकेशन का मतलब है कि आप अपनी टीम के साथ अपनी सफल रणनीतियों को साझा करें। इससे आपकी पूरी टीम एकजुट होकर काम करती है और व्यवसाय की सफलता कई गुना बढ़ जाती है।

## प्रभावी प्रशिक्षण और प्रणाली निर्माण :

नेटवर्क मार्केटिंग में प्रभावी प्रशिक्षण और प्रणाली निर्माण आपकी टीम की सफलता के लिए बेहद महत्त्वपूर्ण है। इसका मतलब है कि आप अपनी रणनीतियों और काम के तरीकों को इस तरह से व्यवस्थित करें कि आपकी टीम उसे आसानी से समझ सके और लागू कर सके। सबसे पहले, अपनी प्रक्रिया को छोटे-छोटे और सरल कदमों में विभाजित करें। इससे नए सदस्य भी आसानी से सीख सकें और आपके सिस्टम का पालन कर सकें। टीम को नियमित रूप से प्रशिक्षण देना जरूरी है ताकि वे नए कौशल और तकनीकें सीखते रहें। व्यक्तिगत मार्गदर्शन और सहयोग से टीम का आत्मविश्वास बढ़ता है। एक स्पष्ट और प्रभावी प्रणाली का मतलब है कि आप अपने अनुभव और सफलता के तरीके अपनी टीम

के साथ साझा करते हैं, ताकि वे न केवल उसे दोहरा सकें, बल्कि उसमें सुधार भी कर सकें। इससे आपकी टीम संगठित और अधिक कुशल बनती है, और आपका व्यवसाय तेजी से बढ़ता है।

**वास्तविक जीवन की कहानी:** नीता मेहता, भोपाल (सफल वितरक)एक सफल नेटवर्क मार्केटर थीं, जिन्होंने अपनी मेहनत से एक बड़ी टीम बनाई थी। हालांकि, उसने देखा कि उसकी टीम के सदस्य वह सफलता नहीं पा रहे थे जो वे हासिल कर सकते थे। तब नीता ने अपनी टीम की मदद के लिए एक प्रशिक्षण प्रणाली विकसित की। उसने साप्ताहिक प्रशिक्षण सत्र शुरू किए, जहाँ वह अपनी सफल तकनीकों को छोटे-छोटे और सरल चरणों में समझाती थी। इसके साथ ही, उसने सुनिश्चित किया कि हर सदस्य के पास सही उपकरण और मार्गदर्शन हो, ताकि वे आसानी से इस प्रणाली का पालन कर सकें। इस प्रशिक्षण प्रणाली के कारण उसकी टीम के सदस्य धीरे-धीरे अपनी क्षमताओं में सुधार करने लगे और सफलता की ओर बढ़ते गए।

**सीख:** एक प्रभावी प्रणाली और नियमित प्रशिक्षण आपकी टीम को सही दिशा में काम करने के लिए प्रेरित करता है। जब पूरी टीम एक ही प्रणाली का पालन करती है, तो सफलता की संभावना बहुत अधिक बढ़ जाती है।

## टीम मेंबरों को नकल करने के लिए प्रेरित करना :

डुप्लीकेशन का एक और महत्त्वपूर्ण पहलू है प्रेरणा। आपकी टीम के सदस्य तभी आपकी नकल करेंगे जब वे देखेंगे कि आपकी प्रणाली वास्तव में काम कर रही है और आप उससे सफलता प्राप्त कर रहे हैं। इसलिए, यह महत्त्वपूर्ण है कि आप अपनी टीम को दिखाएं कि आपकी विधि न केवल सरल है, बल्कि प्रभावी भी है। जब वे देखेंगे कि आप आपकी बताई हुई तकनीकों से सफलता पा रहे हैं, तो वे भी उसे अपनाने के लिए प्रेरित होंगे। आपकी सफलता और मेहनत उनकी प्रेरणा बनेगी, और वे विश्वास के साथ आपके तरीकों का पालन करेंगे। इससे न केवल आपकी टीम का विकास होगा, बल्कि आपकी सफलता भी तेजी से बढ़ेगी।

**वास्तविक जीवन की कहानी:** आकाश आहूजा, रायपुर (सफल लीडर) एक सफल नेटवर्क मार्केटर था, जिसने अपने प्रयासों से अच्छी कमाई की थी, लेकिन उसकी टीम उतनी सफल नहीं हो पा रही थी। उसने महसूस किया कि उसकी टीम को सही दिशा और

प्रेरणा की जरूरत है। इसलिए, आकाश ने अपनी टीम से व्यक्तिगत रूप से बात की और उन्हें बताया कि उसने सफलता कैसे हासिल की। उसने अपनी सफलताओं की कहानियाँ साझा कीं और उन्हें अपने काम करने के तरीके सिखाए। आकाश ने टीम के लिए व्यक्तिगत कोचिंग सत्र भी आयोजित किए, जिसमें उसने उन्हें सही रणनीतियाँ समझाईं और उनका मार्गदर्शन किया। धीरे-धीरे, उसकी टीम के सदस्यों ने उसकी बताई हुई रणनीतियों का पालन करना शुरू किया और उनकी भी सफलता बढ़ने लगी।

**सीख:** जब आप खुद एक उदाहरण बनते हैं और अपनी सफलता की कहानियाँ साझा करते हैं, तो आपकी टीम प्रेरित होती है। इस प्रेरणा से टीम के सदस्य आपकी रणनीतियों को अपनाते हैं और आपकी सफलता को दोहराते हैं, जिससे पूरे व्यवसाय में उन्नति होती है।

## डुप्लीकेशन की शक्ति से व्यवसाय को बढ़ाना:

डुप्लीकेशन की सबसे बड़ी शक्ति यह है कि इससे आपका व्यवसाय कई गुना तेजी से बढ़ता है। जब आपकी टीम का हर सदस्य आपकी तरह काम करता है, तो आपकी मेहनत का परिणाम अकेले आपकी मेहनत से कहीं ज्यादा हो जाता है। आपकी टीम जितनी बड़ी होती है, उतना ही ज्यादा यह सिस्टम प्रभावी होता है।

**वास्तविक जीवन की कहानी:** करण पाल, मेरठ (नेटवर्क लीडर) ने नेटवर्क मार्केटिंग में शुरुआत धीमी गति से की, लेकिन लगातार मेहनत और समझ से अपनी एक छोटी टीम बनाई। जल्दी ही उसे समझ में आया कि अगर उसकी टीम भी वही रणनीतियाँ अपनाए, जो उसने की हैं, तो वे भी तेजी से सफल हो सकते हैं। करण ने अपनी टीम को डुप्लीकेशन की प्रक्रिया सिखाई, जिससे हर सदस्य एक ही तरीके से काम करे। उसने एक सुसंगत प्रणाली तैयार की, जिसमें सभी को स्पष्ट रूप से बताया कि कैसे नए ग्राहकों से संपर्क करना है, फ़ॉलो-अप करना है, और अपनी टीम का विस्तार करना है। धीरे-धीरे, उसकी टीम के सदस्यों ने उसी प्रणाली का पालन करना शुरू किया, और परिणामस्वरूप, करण का व्यवसाय तेजी से बढ़ने लगा। कुछ ही समय में उसकी टीम कई राज्यों में फैल गई, और उसकी कमाई भी दोगुनी हो गई।

**सीख:** डुप्लीकेशन एक शक्तिशाली तरीका है जिससे आपका व्यवसाय कई गुना बढ़ सकता है। जब पूरी टीम एक संगठित प्रणाली का पालन करती है, तो सफलता तेजी से मिलती है, और व्यवसाय स्थायी रूप से मजबूत होता है।

## निष्कर्ष

डुप्लीकेशन की शक्तिनेटवर्क मार्केटिंग की सफलता का सबसे बड़ा रहस्य है। जब आप अपनी रणनीतियों और तरीकों को अपनी टीम के साथ साझा करते हैं और उन्हें आपकी तरह काम करने के लिए प्रेरित करते हैं, तो आपकी मेहनत अकेले नहीं रह जाती। पूरी टीम मिलकर आपकी सफलता को कई गुना बढ़ाती है।

इस अध्याय में हमने सीखा कि डुप्लीकेशन कैसे काम करता है, क्यों यह महत्त्वपूर्ण है, और कैसे आप इसे अपने व्यवसाय में लागू कर सकते हैं। एक मजबूत प्रणाली बनाकर, अपनी टीम को सही तरीके से प्रशिक्षित करके, और उन्हें प्रेरित करके आप डुप्लीकेशन की शक्ति का पूरा लाभ उठा सकते हैं। यह नेटवर्क मार्केटिंग में सफलता का एक सशक्त साधन है, जो आपके व्यवसाय को नई ऊँचाइयों तक ले जा सकता है।

अब हम आपके सामने कुछ सवाल रख रहे हैं, जिनके जवाब आपको खुद देने होंगे। ये सवाल बेहद जरूरी हैं और आपके व्यवसाय और व्यक्तिगत विकास के लिए महत्त्वपूर्ण साबित हो सकते हैं:

**1. डुप्लीकेशन की प्रक्रिया शुरू करें:**

- **सवाल:** क्या आपने अपने व्यवसाय में डुप्लीकेशन की प्रक्रिया शुरू की है? यदि नहीं, तो आप किन रणनीतियों का उपयोग करके अपनी टीम को अपनी नकल करने के लिए प्रेरित कर सकते हैं?
- **सवाल :** क्या आपकी टीम आपके द्वारा स्थापित प्रणाली को समझ पा रही है और उसे सही ढंग से लागू कर रही है?

**2. प्रभावी प्रशिक्षण और प्रणाली निर्माण :**

- **सवाल :** क्या आपके पास एक सुसंगत प्रणाली है जिसे आपकी टीम आसानी से समझ सके और उस पर अमल कर सके?
- **सवाल :** आप अपनी टीम के लिए किस प्रकार का नियमित प्रशिक्षण कार्यक्रम आयोजित कर सकते हैं?

**3. टीम मेंबरों को प्रेरित करना:**

- **सवाल :** क्या आप अपनी टीम के सामने एक उदाहरण प्रस्तुत कर

रहे हैं जिससे वे प्रेरित हों?

- **सवाल:** क्या आप अपनी सफलता की कहानियाँ और अपनी रणनीतियाँ नियमित रूप से टीम के साथ साझा कर रहे हैं?

**4. व्यवसाय की वृद्धि की योजना:**

- **सवाल :** क्या आपने डुप्लीकेशन के लिए एक स्पष्ट योजना बनाई है ताकि आपकी टीम और व्यवसाय तेजी से बढ़ सकें?
- **सवाल:** क्या आपकी टीम के सभी सदस्य आपकी प्रणाली को सफलतापूर्वक अपना रहे हैं?

## संदेश

**"जब आप अकेले चलते हैं, तो आप तेज़ी से आगे बढ़ते हैं, लेकिन जब आप एक संगठित टीम के साथ चलते हैं, तो आप दूर तक जाते हैं।"**

नेटवर्क मार्केटिंग में डुप्लीकेशन की शक्ति अद्वितीय है। जब आप अपनी टीम के साथ अपनी रणनीतियों और अनुभवों को साझा करते हैं, तो आपकी सफलता सिर्फ आपकी नहीं रहती, बल्कि एक सामूहिक प्रयास का परिणाम बन जाती है।

याद रखें, सही प्रशिक्षण, प्रेरणा, और एक प्रभावी प्रणाली ही आपकी टीम को सफलता की दिशा में अग्रसर करेगी।जब पूरी टीम एक ही दिशा में और एक ही तरीके से काम करती है, तो व्यवसाय की सफलता कई गुना बढ़ जाती है।

9

# फ़ॉलो-अप का महत्त्व

नेटवर्क मार्केटिंग में फ़ॉलो-अप सफलता का आधार है। चाहे वह संभावित ग्राहक हो या टीम का सदस्य, फ़ॉलो-अप ही वह प्रक्रिया है जो आपके प्रयासों को फलदायक बनाती है। अक्सर लोग एक बार संपर्क करने के बाद, जवाब का इंतजार करते हैं और कोई फ़ॉलो-अप नहीं करते। लेकिन सच तो यह है कि फ़ॉलो-अप के बिना, आप अपने संभावित ग्राहकों या टीम मेंबर्स से जुड़ने और उन्हें अपने व्यवसाय का हिस्सा बनाने का सबसे बड़ा मौका खो सकते हैं।

इस अध्याय में हम यह समझेंगे कि फ़ॉलो-अप क्यों इतना महत्त्वपूर्ण है, इसे सही तरीके से कैसे करें, और फ़ॉलो-अप करते समय संबंधों को कैसे मजबूत बनाया जा सकता है।

## सही समय पर फ़ॉलो-अप कैसे करें:

फ़ॉलो-अप का सही समय वह होता है जब आप अपने संभावित ग्राहक या टीम मेंबर को पहली बार जानकारी दे चुके होते हैं और उन्हें सोचने या निर्णय लेने का मौका देते हैं। इसके बाद सही समय पर उनसे फिर से संपर्क करना यह सुनिश्चित करता है कि आप उनके दिमाग में बने रहते हैं और उन्होंने आपकी पेशकश पर विचार किया हो।

**वास्तविक जीवन की कहानी:** राहुल नाम का एक युवा नेटवर्क मार्केटर था, जिसने कई लोगों से पहली बार संपर्क किया, लेकिन फ़ॉलो-अप नहीं किया। जब उसका मेंटर उसे मिला, तो उसने बताया कि एक बार संपर्क के बाद, फ़ॉलो-अप करना अनिवार्य होता

है। राहुल ने यह सलाह मानी और उन लोगों से फिर से संपर्क किया, जिन्हें उसने पहले जानकारी दी थी। आश्चर्यजनक रूप से, उनमें से कई लोगों ने अब रुचि दिखाई क्योंकि उन्होंने बीच में समय लिया था और अब वे तैयार थे। इस तरह, सही समय पर फ़ॉलो-अप करने से राहुल ने कई नए ग्राहकों और टीम मेंबर्स को जोड़ा।

**सीख :** पहला संपर्क महत्त्वपूर्ण होता है, लेकिन सही समय पर किया गया फ़ॉलो-अप ही असली सफलता दिलाता है। आप लोगों को जानकारी देने के बाद उन्हें सोचने का समय देना चाहिए, और फिर समय से फ़ॉलो-अप करना चाहिए ताकि वे आपके प्रस्ताव पर ध्यान दें।

## संभावित ग्राहकों और टीम मेंबर्स के साथ नियमित फ़ॉलो-अप:

नियमित फ़ॉलो-अप करना एक प्रभावी रणनीति है जिससे आप अपने व्यवसाय को स्थिर रूप से बढ़ा सकते हैं। केवल एक बार संपर्क करने से बात नहीं बनती; आपको नियमित रूप से अपने संभावित ग्राहकों और टीम मेंबर्स से जुड़ना होगा ताकि वे आपकी ओर से मिले प्रस्ताव को गंभीरता से लें।

**वास्तविक जीवन की कहानी:** रीमा पटेल, पुणे (नेटवर्क लीडर) एक नेटवर्क मार्केटर थी, जिसने शुरुआत में कई संभावित ग्राहकों से संपर्क किया। हालांकि, उस समय कोई भी ग्राहक उसके उत्पादों में दिलचस्पी नहीं दिखा रहा था। उसके मेंटर ने उसे निराश न होने और नियमित फ़ॉलो-अप करने की सलाह दी। रीमा पटेल ने इस सुझाव को गंभीरता से लिया और हर महीने एक बार उन सभी संभावित ग्राहकों से संपर्क करना शुरू किया। हर बार वह कुछ नया लेकर आती कभी अपने उत्पादों की विशेषताएँ बताती, कभी कंपनी की सफलता की कहानियाँ साझा करती। इस प्रक्रिया के चलते लोग धीरे-धीरे उसके उत्पादों में रुचि लेने लगे। फ़ॉलो-अप की इस निरंतरता और प्रयास से उसकी बिक्री बढ़ने लगी और साथ ही उसकी टीम में नए लोग जुड़ते चले गए।

**सीख :** नेटवर्क मार्केटिंग में नियमित फ़ॉलो-अप करना बेहद महत्त्वपूर्ण है। कभी-कभी संभावित ग्राहक पहली बार में तैयार नहीं होते, लेकिन जब आप उनसे बार-बार संपर्क में रहते हैं और नए तरीकों से जानकारी साझा करते हैं, तो वे सही समय आने पर आपके प्रस्ताव को स्वीकार कर लेते हैं।

## फ़ॉलो-अप करते समय संबंध बनाए रखें:

फ़ॉलो-अप केवल एक औपचारिक प्रक्रिया नहीं है, बल्कि यह एक अवसर है जहाँ आप अपने ग्राहक या टीम के सदस्य के साथ मजबूत संबंध बना सकते हैं। जब आप नियमित रूप से फ़ॉलो-अप करते हैं, तो उन्हें यह महसूस होना चाहिए कि आप सिर्फ बिक्री के लिए नहीं, बल्कि उनकी जरूरतों को समझने और उनकी मदद करने के लिए उनसे जुड़े हुए हैं। यह विश्वास बनाना बेहद जरूरी है, क्योंकि लोग तब अधिक सहज महसूस करते हैं जब वे देखते हैं कि आप उनकी भलाई के बारे में सोच रहे हैं।

फ़ॉलो-अप के दौरान उन्हें नई जानकारी दें, उनकी समस्याओं का समाधान करें और हमेशा उनके सवालों का जवाब दें। जब आपके ग्राहक या टीम मेंबर को यह भरोसा होता है कि आप उनकी मदद के लिए सच्चे हैं, तो वे आपके साथ लंबे समय तक जुड़े रहते हैं और आपका व्यवसाय भी बढ़ता है।

**वास्तविक जीवन की कहानी :** अमन गुप्ता, सिलीगुड़ी (नेटवर्क लीडर) नाम का एक नेटवर्क मार्केटर था, जो हमेशा अपने ग्राहकों के साथ अच्छे संबंध बनाए रखता था। जब वह फ़ॉलो-अप करता, तो वह केवल अपने उत्पादों की बात नहीं करता, बल्कि उनके व्यक्तिगत जीवन के बारे में भी पूछता। वह जानने की कोशिश करता कि उनके परिवार का हालचाल कैसा है, वे किन चुनौतियों का सामना कर रहे हैं और उनकी क्या ज़रूरतें हैं। इस व्यक्तिगत ध्यान से अमन गुप्ता और उसके ग्राहकों के बीच गहरा संबंध बन गया।

जब भी उसके ग्राहकों को किसी उत्पाद की आवश्यकता होती, तो वे सबसे पहले अमन से ही संपर्क करते थे, क्योंकि उन्हें पता था कि अमन उनकी जरूरतों को समझते हैं और सही मार्गदर्शन देंगे।

**सीख:** फ़ॉलो-अप करते समय केवल बिक्री पर ध्यान न दें, बल्कि अपने ग्राहकों के साथ एक मजबूत और विश्वासभरा संबंध बनाएँ। जब लोग आपको केवल एक विक्रेता के बजाय एक सच्चे दोस्त या सलाहकार के रूप में देखते हैं, तो वे आपके साथ लंबे समय तक जुड़े रहते हैं।

## फ़ॉलो-अप प्रक्रिया को व्यवस्थित करना :

फ़ॉलो-अप की सफलता के लिए जरूरी है कि आप इसे एक व्यवस्थित तरीके से

करें। बिना योजना के फ़ॉलो-अप करने से आप कई संभावित ग्राहकों और टीम मेंबर्स को खो सकते हैं। इसलिए, अपनी फ़ॉलो-अप प्रक्रिया को सुव्यवस्थित करें। एक सूची बनाएं, जिसमें उन सभी लोगों के नाम और संपर्क जानकारी हों, जिनसे आप दोबारा जुड़ना चाहते हैं। साथ ही, फ़ॉलो-अप के लिए एक समय सीमा तय करें और उस पर नियमित रूप से काम करें। जब आप सही तरीके से योजना बनाकर फ़ॉलो-अप करेंगे, तो आप किसी भी महत्त्वपूर्ण व्यक्ति को नज़रअंदाज़ नहीं करेंगे और आपकी सफलता की संभावना भी बढ़ेगी।

**वास्तविक जीवन की कहानी:** कविता बिस्वास, कोलकाता (नेटवर्क लीडर) ने नेटवर्क मार्केटिंग में उत्साह से शुरुआत की, लेकिन एक बड़ी चुनौती का सामना कर रही थी—फ़ॉलो-अप की सही प्रक्रिया न होने के कारण वह अपने संभावित ग्राहकों और टीम मेंबर्स के साथ निरंतर संपर्क में नहीं रह पाती थी। कई बार वह किसी को समय पर फ़ॉलो-अप करना भूल जाती थी, जिससे उसके व्यवसाय पर नकारात्मक प्रभाव पड़ रहा था।

इस समस्या को सुलझाने के लिए, उसके मेंटर ने उसे CRM (Customer Relationship Management) टूल का उपयोग करने की सलाह दी। कविता ने इस सुझाव को अपनाया और अपने सभी संभावित ग्राहकों और टीम के सदस्यों की जानकारी को व्यवस्थित तरीके से इस टूल में दर्ज किया। उसने यह भी तय किया कि किस समय पर किस व्यक्ति से फ़ॉलो-अप करना है और इसके लिए रिमाइंडर सेट किए। इससे उसकी फ़ॉलो-अप प्रक्रिया पूरी तरह से सुचारू हो गई।

अब कविता किसी भी महत्त्वपूर्ण व्यक्ति को भूल नहीं रही थी और समय पर फ़ॉलो-अप करने से उसके ग्राहकों और टीम मेंबर्स के साथ संबंध मजबूत हो गए। उसकी मेहनत का फल मिला और उसका व्यवसाय तेजी से बढ़ने लगा।

**सीख:** फ़ॉलो-अप को व्यवस्थित करना बेहद आवश्यक है। चाहे आप CRM सॉफ्टवेयर का उपयोग करें या एक साधारण नोटबुक, फ़ॉलो-अप प्रक्रिया को व्यवस्थित रखने से आप न केवल अपने ग्राहकों के साथ संबंध मजबूत कर सकते हैं, बल्कि अपने व्यवसाय को भी स्थिर और मजबूत बना सकते हैं।

## निष्कर्ष

फ़ॉलो-अप का महत्त्व नेटवर्क मार्केटिंग में अनमोल है। सही समय पर किया गया फ़ॉलो-अप, नियमित संपर्क और विश्वासपूर्ण संबंध ही आपके व्यवसाय को आगे बढ़ाते हैं। जब आप फ़ॉलो-अप करते समय अपने ग्राहकों और टीम मेंबर्स के साथ एक गहरा संबंध बनाते हैं और अपनी प्रक्रिया को व्यवस्थित रखते हैं, तो आप न केवल अपनी सफलता की संभावना बढ़ाते हैं, बल्कि दीर्घकालिक संबंध भी बनाते हैं।

याद रखें, फ़ॉलो-अप केवल बिक्री बढ़ाने का तरीका नहीं है, बल्कि यह आपके व्यवसाय के लिए एक स्थायी आधार बनाने का अवसर है।

अब हम आपके सामने कुछ सवाल रख रहे हैं, जिनके जवाब आपको खुद देने होंगे। ये सवाल बेहद जरूरी हैं और आपके व्यवसाय और व्यक्तिगत विकास के लिए महत्त्वपूर्ण साबित हो सकते हैं:

***1. फ़ॉलो-अप का सही समय:***

- ***सवाल:*** *आपने आखिरी बार अपने संभावित ग्राहक या टीम मेंबर से कब संपर्क किया था? क्या यह सही समय था फ़ॉलो-अप के लिए?*
- ***सवाल:*** *क्या आप फ़ॉलो-अप करने के लिए एक निश्चित समय-सीमा निर्धारित करते हैं?*

***2. नियमित फ़ॉलो-अप:***

- ***सवाल:*** *क्या आप नियमित रूप से अपने संभावित ग्राहकों और टीम मेंबर्स से जुड़ते हैं?*
- ***सवाल:*** *हर महीने, कितने फ़ॉलो-अप करना आपका लक्ष्य है?*

***3. संबंध बनाना:***

- ***सवाल:*** *क्या आप फ़ॉलो-अप करते समय अपने ग्राहकों और टीम मेंबर्स के साथ व्यक्तिगत संबंध बनाने का प्रयास करते हैं?*
- ***सवाल:*** *क्या आप उनके बारे में व्यक्तिगत जानकारी रखते हैं, जो आपको उनके साथ मजबूत संबंध बनाने में मदद कर सके?*

***4. फ़ॉलो-अप प्रक्रिया को व्यवस्थित करना:***

- ***सवाल:*** *क्या आपके पास फ़ॉलो-अप को व्यवस्थित रखने के लिए कोई प्रणाली या टूल है?*
- ***सवाल:*** *क्या आप नियमित रूप से यह सुनिश्चित करते हैं कि आप किसी भी संभावित ग्राहक या टीम मेंबर को भूल न जाएं?*

## संदेश

**"फ़ॉलो-अप वह पुल है जो आपके प्रयासों को सफलता से जोड़ता है।"**

नेटवर्क मार्केटिंग में, फ़ॉलो-अप आपकी मेहनत का सबसे महत्त्वपूर्ण हिस्सा है। यह केवल आपके ग्राहकों को याद दिलाने का नहीं, बल्कि उनके साथ एक स्थायी संबंध बनाने का अवसर है। नियमित और व्यवस्थित फ़ॉलो-अप न केवल आपके व्यवसाय को बढ़ाता है, बल्कि यह आपके ग्राहकों और टीम मेंबर्स के प्रति आपकी गंभीरता और समर्पण को भी दिखाता है।

**याद रखें, सही समय पर किए गए फ़ॉलो-अप से न सिर्फ आपकी सफलता का मार्ग खुलता है, बल्कि दीर्घकालिक संबंधों की नींव भी पड़ती है।**

# 10

# ग्राहक और टीम मेंबर्स के साथ संबंध बनाना

नेटवर्क मार्केटिंग सिर्फ़ उत्पादों की बिक्री का व्यवसाय नहीं है; यह संबंधों का व्यवसाय है। आपके व्यवसाय की सफलता का आधार आपके ग्राहकों और टीम के सदस्यों के साथ आपके बनाए गए रिश्ते होते हैं। जब आप अपने ग्राहकों और टीम मेंबर्स के साथ एक गहरा, विश्वासपूर्ण संबंध बनाते हैं, तो आपका व्यवसाय केवल एक बार की बिक्री तक सीमित नहीं रहता, बल्कि यह दीर्घकालिक सफलता की ओर बढ़ता है।

इस अध्याय में हम जानेंगे कि दीर्घकालिक संबंधों का कितना महत्त्व है, कैसे ग्राहकों और टीम मेंबर्स के साथ विश्वासपूर्ण संबंध बनाए जाते हैं, और कैसे ईमानदारी और पारदर्शिता के साथ काम करके आप एक मजबूत व्यवसाय खड़ा कर सकते हैं।

## दीर्घकालिक संबंधों का महत्त्व :

नेटवर्क मार्केटिंग में दीर्घकालिक संबंध बनाना व्यवसाय की सफलता की कुंजी है। जब आप अपने ग्राहकों और टीम के सदस्यों के साथ अच्छे और स्थायी संबंध बनाते हैं, तो वे न सिर्फ आपके उत्पादों के नियमित ग्राहक बनते हैं, बल्कि आपके व्यवसाय में जुड़ने के लिए भी प्रेरित होते हैं। ये संबंध विश्वास पर आधारित होते हैं, जो समय के साथ और भी मजबूत होते जाते हैं। इससे आपके व्यवसाय को स्थिरता मिलती है और आपकी टीम भी बेहतर प्रदर्शन करती है। इसलिए, ग्राहकों और टीम के साथ गहरे संबंध बनाना दीर्घकालिक सफलता का महत्त्वपूर्ण हिस्सा है।

**वास्तविक जीवन की कहानी:** नेहा बंसल, सहारन पुर (नेटवर्क लीडर)ने नेटवर्क मार्केटिंग में अपने करियर की शुरुआत की, लेकिन उसने इसे सिर्फ एक व्यवसाय के रूप में नहीं देखा। उसने अपने ग्राहकों और टीम के सदस्यों के साथ व्यक्तिगत संबंध बनाने पर जोर दिया। नेहा का मानना था कि अगर वह अपने ग्राहकों के साथ गहराई से जुड़ सके, तो वे न केवल उसके उत्पादों के नियमित उपयोगकर्ता बनेंगे, बल्कि अन्य लोगों को भी उसकी सिफारिश करेंगे। नेहा ने अपने ग्राहकों को कभी केवल उत्पाद बेचने का माध्यम नहीं समझा। वह नियमित रूप से उनसे बात करती, उनके परिवारों के बारे में पूछती और उनकी ज़रूरतों को समझती। अगर किसी ग्राहक को किसी विशेष समस्या का सामना करना पड़ता, तो नेहा उनके लिए सही उत्पाद या समाधान लेकर आती। इस तरह, उसने अपने ग्राहकों के साथ एक मजबूत और दीर्घकालिक संबंध बनाया। नतीजा यह हुआ कि उसके ग्राहक केवल एक बार के ग्राहक नहीं रहे, बल्कि उन्होंने नेहा के उत्पादों के बारे में अपने दोस्तों और रिश्तेदारों से भी बात की। नेहा के इस दृष्टिकोण से उसका व्यवसाय तेजी से बढ़ा। उसकी सफलता का राज़ यह था कि उसने व्यापार को सिर्फ लेन-देन के रूप में नहीं देखा, बल्कि उसने ग्राहकों के साथ विश्वास और मित्रता पर आधारित संबंध बनाए।

**सीख :** दीर्घकालिक संबंध बनाना नेटवर्क मार्केटिंग में सफलता की कुंजी है। जब आपके ग्राहक आप पर विश्वास करते हैं और आपके साथ गहराई से जुड़े होते हैं, तो वे न केवल आपके व्यवसाय का हिस्सा बनते हैं, बल्कि उसे और बढ़ाने में भी मदद करते हैं।

## ग्राहकों और टीम मेंबर्स के साथ विश्वासपूर्ण संबंध कैसे बनाएँ :

नेटवर्क मार्केटिंग में सफलता का सबसे महत्त्वपूर्ण आधार है—विश्वास। जब आपके ग्राहक और टीम के सदस्य आप पर विश्वास करते हैं, तो वे न केवल आपके उत्पादों को खरीदते हैं, बल्कि आपके सुझावों और मार्गदर्शन को भी गंभीरता से लेते हैं। यह विश्वास धीरे-धीरे बनता है, और इसके लिए आपको ईमानदारी, पारदर्शिता और निरंतर समर्थन प्रदान करना जरूरी होता है। ग्राहकों के साथ जब आप उनकी ज़रूरतों को समझकर उन्हें सही उत्पाद की सलाह देते हैं, तो वे आप पर भरोसा करना शुरू करते हैं। इसी तरह, जब आप अपनी टीम के सदस्यों को सही दिशा दिखाते हैं, उनकी मदद करते हैं, और उनके साथ निरंतर जुड़े रहते हैं, तो उनका विश्वास भी बढ़ता है।

विश्वासपूर्ण संबंध न केवल आपके व्यवसाय को स्थिरता देते हैं, बल्कि इसे लंबे समय

तक सफल बनाते हैं।

**वास्तविक जीवन की कहानी:** अतुल कांबले, पुणे (नेटवर्क लीडर) ने अपने नेटवर्क मार्केटिंग व्यवसाय में शुरूआती दिनों में ही यह समझ लिया कि यदि वह अपने ग्राहकों और टीम के सदस्यों का विश्वास जीत सके, तो उनका व्यवसाय तेजी से बढ़ सकता है। अतुल ने अपने ग्राहकों से ईमानदारी से बातचीत शुरू की, उनकी समस्याओं को सुना और उनके अनुसार सही उत्पादों की सलाह दी। इस तरह वह उनके दिलों में जगह बनाने में सफल रहा।अपनी टीम के साथ भी अतुल ने व्यक्तिगत रूप से जुड़कर उनकी चुनौतियों और लक्ष्यों को समझने का प्रयास किया। उसने टीम को मार्गदर्शन दिया और यह सुनिश्चित किया कि हर सदस्य को सही दिशा मिले। जब उसकी टीम के सदस्यों ने देखा कि अतुल ईमानदारी से उनकी सफलता में रुचि रखता है, तो उनका आत्मविश्वास भी बढ़ा और वे भी अधिक मेहनत से काम करने लगे।

अतुल कांबले की इस ईमानदारी और खुलकर संवाद करने की शैली ने उसके व्यवसाय को तेजी से बढ़ने में मदद की। ग्राहकों और टीम के बीच विश्वास का यह रिश्ता लंबे समय तक चला और उसकी सफलता का आधार बन गया।

**सीख :** विश्वास एक मजबूत और स्थायी व्यवसाय का आधार होता है। जब आप ईमानदारी से अपने ग्राहकों और टीम के साथ काम करते हैं, तो वे आपके साथ लंबे समय तक जुड़े रहते हैं और आपकी सफलता में योगदान देते हैं।

## ईमानदारी और पारदर्शिता के साथ काम करें :

नेटवर्क मार्केटिंग में ईमानदारी और पारदर्शिता बेहद महत्त्वपूर्ण होती है। जब आप अपने ग्राहकों और टीम मेंबर्स के साथ पूरी ईमानदारी से पेश आते हैं, तो वे आप पर भरोसा करने लगते हैं और आपके प्रति वफ़ादार हो जाते हैं। ईमानदारी का मतलब है कि आप अपने उत्पादों की सच्चाई बताएँ और उनके फायदों के बारे में बढ़ा-चढ़ाकर बात न करें।

पारदर्शिता का मतलब है कि आप अपने व्यवसाय की हर जानकारी स्पष्ट रूप से साझा करें, चाहे वह उत्पाद की गुणवत्ता हो, कमीशन का ढाँचा हो, या व्यापारिक योजनाएँ हों। जब लोग देखते हैं कि आप उनके साथ कोई छल नहीं कर रहे हैं, तो उनका विश्वास और भी मजबूत हो जाता है। यह विश्वास आपकी टीम और ग्राहकों के साथ एक दीर्घकालिक संबंध बनाने में मदद करता है, जिससे आपका व्यवसाय स्थिर और सफल बनता है।

**वास्तविक जीवन की कहानी:** सपना, कोलकाता (नेटवर्क लीडर) ने नेटवर्क मार्केटिंग में शुरुआत की और उसने हमेशा अपने ग्राहकों को सही जानकारी दी। अगर कोई उत्पाद किसी ग्राहक की ज़रूरत के हिसाब से फिट नहीं बैठता था, तो वह उसे ईमानदारी से बता देती थी और उन्हें सही उत्पाद की सलाह देती थी। इसी तरह, उसने अपनी टीम के सदस्यों को भी हमेशा सच बताया कि उन्हें किस दिशा में काम करना चाहिए। उसकी ईमानदारी और पारदर्शिता ने उसे अपने ग्राहकों और टीम मेंबर्स के बीच एक सम्मानजनक स्थान दिलाया। नतीजतन, उसकी टीम ने उसे एक सच्चा लीडर माना और उसकी सलाह का पालन किया, जिससे उसकी टीम और व्यवसाय दोनों तेज़ी से बढ़े।

**सीख :** ईमानदारी और पारदर्शिता नेटवर्क मार्केटिंग में दीर्घकालिक सफलता के लिए महत्त्वपूर्ण हैं। जब आप अपने ग्राहकों और टीम के साथ ईमानदारी से पेश आते हैं, तो वे हमेशा आप पर भरोसा करेंगे और आपके साथ बने रहेंगे।

## ग्राहकों की सेवा और उनकी ज़रूरतों को समझें :

सिर्फ उत्पाद बेचना ही नेटवर्क मार्केटिंग का मकसद नहीं है, बल्कि यह एक सेवा आधारित व्यवसाय है। इसका मतलब है कि आपको अपने ग्राहकों की ज़रूरतों और समस्याओं को समझना होता है, और उनके लिए सही समाधान प्रदान करना होता है। जब आप अपने ग्राहकों के साथ इस दृष्टिकोण से काम करते हैं, तो वे आपको केवल एक विक्रेता के रूप में नहीं देखते, बल्कि एक भरोसेमंद साथी के रूप में स्वीकार करते हैं।

आपकी सेवा और मार्गदर्शन से ग्राहकों का आपके प्रति विश्वास बढ़ता है, और वे आपके साथ लंबे समय तक जुड़े रहते हैं। यही वजह है कि जब आप सिर्फ उत्पाद नहीं, बल्कि समाधान देते हैं, तो आप अपने व्यवसाय में स्थिरता और विकास दोनों पाते हैं। यह न केवल आपकी बिक्री बढ़ाने में मदद करता है, बल्कि आपको एक भरोसेमंद और सम्मानित नेटवर्क मार्केटर के रूप में स्थापित करता है।

**वास्तविक जीवन की कहानी:** श्याम वर्मा, लखनऊ (नेटवर्क लीडर)ने नेटवर्क मार्केटिंग में सफलता पाने के लिए एक महत्त्वपूर्ण तरीका अपनाया—अपने ग्राहकों की ज़रूरतों को समझना। वह हर ग्राहक से व्यक्तिगत रूप से बात करता, उनकी समस्याओं और आवश्यकताओं को ध्यान से सुनता और फिर उनके लिए सबसे उपयुक्त समाधान सुझाता। श्याम वर्मा की यह सेवा भाव और समर्पण ने उसे ग्राहकों के बीच बेहद लोकप्रिय

बना दिया। उसकी यह रणनीति सिर्फ उत्पाद बेचने तक सीमित नहीं थी, बल्कि उसने अपने ग्राहकों के साथ एक मजबूत और भरोसेमंद संबंध भी स्थापित किया। श्याम के ग्राहक उसकी सेवा से इतने संतुष्ट थे कि वे अपने दोस्तों और परिवार को भी उसके बारे में बताते। इससे श्याम का व्यवसाय तेजी से बढ़ा, और उसने एक वफादार ग्राहक आधार तैयार किया।

**सीख:** नेटवर्क मार्केटिंग में केवल उत्पाद बेचना काफी नहीं है, बल्कि ग्राहकों की सेवा और उनकी ज़रूरतों को समझना सबसे महत्त्वपूर्ण हिस्सा है। जब आप अपने ग्राहकों के लिए सही समाधान प्रदान करते हैं, तो वे न सिर्फ आपके साथ बने रहते हैं, बल्कि और लोगों को भी आपके पास लाते हैं।

## निष्कर्ष

ग्राहक और टीम मेंबर्स के साथ संबंध बनाना नेटवर्क मार्केटिंग की सफलता का आधार है। दीर्घकालिक संबंध आपको केवल एक बार की बिक्री से कहीं आगे ले जाते हैं और आपके व्यवसाय को स्थायी सफलता की ओर बढ़ाते हैं।

जब आप अपने ग्राहकों और टीम के सदस्यों के साथ विश्वासपूर्ण संबंध बनाते हैं, ईमानदारी और पारदर्शिता से काम करते हैं, और उनकी ज़रूरतों को समझकर सही समाधान प्रदान करते हैं, तो वे न केवल आपके उत्पादों और व्यवसाय का हिस्सा बनते हैं, बल्कि वे आपकी सफलता में भी अहम भूमिका निभाते हैं।

संबंधों को प्राथमिकता देने से आप एक स्थायी और सफल नेटवर्क मार्केटिंग व्यवसाय खड़ा कर सकते हैं।

अब हम आपके सामने कुछ सवाल रख रहे हैं, जिनके जवाब आपको खुद देने होंगे। ये सवाल बेहद जरूरी हैं और आपके व्यवसाय और व्यक्तिगत विकास के लिए महत्त्वपूर्ण साबित हो सकते हैं:

*1. दीर्घकालिक संबंध:*

- **सवाल:** क्या आप अपने ग्राहकों और टीम मेंबर्स के साथ दीर्घकालिक संबंध बनाने पर ध्यान केंद्रित कर रहे हैं?
- **सवाल:** आप कैसे सुनिश्चित करते हैं कि आपके संबंध केवल एक बार की

बिक्री तक सीमित न रहें?

*2. विश्वास निर्माण:*

- **सवाल:** क्या आपके ग्राहक और टीम के सदस्य आप पर भरोसा करते हैं? यदि हां, तो कैसे?
- **सवाल:** आप अपने व्यवसाय में विश्वास कैसे बढ़ा सकते हैं?

**3. ईमानदारी और पारदर्शिता:**

- **सवाल:** क्या आप अपने उत्पादों और व्यवसाय के बारे में पूरी ईमानदारी से जानकारी साझा करते हैं?
- **सवाल:** क्या आप अपने ग्राहकों और टीम मेंबर्स के साथ पारदर्शिता रखते हैं?

*4. ग्राहकों की सेवा:*

- **सवाल:** क्या आप अपने ग्राहकों की ज़रूरतों को समझने का प्रयास करते हैं?
- **सवाल:** क्या आपने हाल ही में किसी ग्राहक की समस्या को हल करने के लिए अतिरिक्त प्रयास किए हैं?

## संदेश

**"नेटवर्क मार्केटिंग में सफलता के रास्ते संबंधों की नींव पर बने होते हैं।"**

संबंध सिर्फ व्यवसाय का हिस्सा नहीं हैं; वे व्यवसाय का आधार हैं। जब आप अपने ग्राहकों और टीम मेंबर्स के साथ एक मजबूत और विश्वासपूर्ण संबंध बनाते हैं, तो आपका व्यवसाय केवल एक बार की बिक्री तक सीमित नहीं रहता, बल्कि दीर्घकालिक सफलता की ओर बढ़ता है।

**याद रखें, सच्ची सफलता तब आती है जब आप अपने ग्राहकों और टीम को केवल लाभ के स्रोत के रूप में नहीं, बल्कि विश्वास और सेवा के साथ जोड़ते हैं।**

# 11

## टीमवर्क का महत्त्व

नेटवर्क मार्केटिंग में सफलता का एक महत्त्वपूर्ण हिस्सा टीमवर्क है। आपकी टीम ही आपकी सबसे बड़ी ताकत है, और जब आपकी टीम के सभी सदस्य एकजुट होकर काम करते हैं, तो आपका व्यवसाय कई गुना तेजी से बढ़ता है। लेकिन टीमवर्क केवल काम बाँटने का नाम नहीं है, यह विश्वास, सहयोग, और एक साथ बढ़ने की प्रक्रिया है।

इस अध्याय में हम समझेंगे कि टीमवर्क का महत्त्व क्या है, कैसे आप अपनी टीम के भीतर सहयोग और विश्वासका निर्माण कर सकते हैं, और टीम को प्रेरित और सक्रिय बनाए रखने के लिए कौन सी रणनीतियाँ अपनाई जा सकती हैं। इसके साथ ही हम वास्तविक जीवन के उदाहरणों और कहानियों के माध्यम से यह जानेंगे कि टीमवर्क के ज़रिए किस तरह लोग सफल हुए हैं।

### टीम के भीतर सहयोग और विश्वास का निर्माण:

टीमवर्क में सफलता पाने के लिए सहयोग और विश्वास सबसे महत्त्वपूर्ण पहलू होते हैं। जब टीम के सदस्य एक-दूसरे के साथ मिलकर काम करते हैं और एक-दूसरे पर विश्वास करते हैं, तो काम की गुणवत्ता और गति दोनों बेहतर हो जाती हैं। सहयोग से बड़े काम छोटे हिस्सों में बँट जाते हैं, जिससे उन्हें पूरा करना आसान हो जाता है। इसके अलावा, जब

टीम के सदस्य एक-दूसरे पर विश्वास करते हैं, तो उनके मनोबल में भी वृद्धि होती है और वे खुलकर विचार साझा कर पाते हैं।

एक सकारात्मक और सहयोगी माहौल में हर सदस्य को अपनी जिम्मेदारी समझ आती है और वे अपने काम को पूरी निष्ठा के साथ करते हैं। इस तरह, टीम का प्रदर्शन सामूहिक रूप से बेहतर होता है और व्यवसाय में भी उन्नति होती है।

सहयोग और विश्वास का माहौल बनाने से टीम की ताकत कई गुना बढ़ जाती है, और सफलता तेजी से मिलती है।

**वास्तविक जीवन की कहानी:** संदीप, रायपुर (सफल लीडर) एक नेटवर्क मार्केटिंग लीडर था, जिसकी टीम में कई सदस्य थे, लेकिन टीम में आपसी तालमेल की कमी थी। कोई भी सदस्य एक-दूसरे के साथ ठीक से काम नहीं कर रहा था, जिससे टीम का प्रदर्शन प्रभावित हो रहा था। संदीप ने इस समस्या को समझा और निर्णय लिया कि टीम को एकजुट करने के लिए सहयोग और विश्वास का माहौल बनाना जरूरी है। इसके लिए उसने एक सामूहिक कार्यशाला आयोजित की। इस कार्यशाला में सभी सदस्यों को अपनी चुनौतियाँ और समस्याएँ साझा करने का मौका मिला।

जब सदस्यों ने खुलकर अपनी बातें बताईं, तो वे एक-दूसरे की समस्याओं को बेहतर ढंग से समझने लगे और मदद करने के नए-नए तरीके खोजे। इससे टीम के भीतर सहयोग की भावना विकसित हुई और धीरे-धीरे हर सदस्य ने एक-दूसरे पर भरोसा करना शुरू कर दिया। अब टीम के सदस्य न केवल व्यक्तिगत रूप से बेहतर प्रदर्शन कर रहे थे, बल्कि सामूहिक रूप से भी नए लक्ष्यों को प्राप्त करने लगे।

**सीख :** टीमवर्क में सफलता के लिए सहयोग और विश्वास का होना बेहद जरूरी है। जब टीम के सदस्य एक-दूसरे के साथ मिलकर काम करते हैं और भरोसे के साथ एक-दूसरे की मदद करते हैं, तो व्यवसाय की सफलता कई गुना बढ़ जाती है।

## लीडरशिप विकास और टीम निर्माण :

टीमवर्क में लीडरशिप की भूमिका सबसे महत्त्वपूर्ण होती है। एक अच्छा लीडर टीम को सही दिशा में मार्गदर्शन देता है और उसकी सफलता का रास्ता आसान बनाता है। एक लीडर के बिना टीम में एकजुटता और समन्वय की कमी हो सकती है, जिससे परिणाम कमज़ोर होते हैं। इसलिए, एक लीडर को न केवल अपनी भूमिका निभानी होती है, बल्कि टीम के अन्य सदस्यों को भी लीडर बनने के लिए प्रेरित करना पड़ता है।जब टीम का हर

सदस्य खुद को लीडर मानकर जिम्मेदारी उठाने लगता है, तो पूरी टीम में उत्साह और सहयोग की भावना बढ़ती है। इससे हर कोई न केवल अपने काम में सुधार करता है, बल्कि पूरी टीम की प्रगति भी सुनिश्चित होती है। लीडरशिप से टीम में आत्मविश्वास और जिम्मेदारी की भावना का विकास होता है, जो टीम को सफलता की ओर ले जाती है।

**वास्तविक जीवन की कहानी:** रजनीबाला, जयपुर(नेटवर्क लीडर) ने नेटवर्क मार्केटिंग में अपनी शानदार शुरुआत की, लेकिन उसे महसूस हुआ कि उसकी टीम को सही दिशा में आगे बढ़ने के लिए लीडरशिप की जरूरत है। इसलिए, उसने अपनी टीम के हर सदस्य को छोटे-छोटे लीडरशिप वाले कार्य सौंपने का निर्णय लिया। उसने कुछ लोगों को टीम की मीटिंग्स आयोजित करने की जिम्मेदारी दी, तो कुछ को नए सदस्यों का मार्गदर्शन करने का काम सौंपा। वहीं, अन्य सदस्यों को प्रशिक्षण सत्र आयोजित करने की भूमिका दी।

इससे टीम के सभी सदस्यों में आत्मविश्वास बढ़ा और उन्होंने जिम्मेदारी लेना शुरू किया। अब हर सदस्य न सिर्फ अपने काम में बेहतर हो रहा है, बल्कि वह लीडरशिप के गुणों का भी विकास कर रहा है। इससे टीम एकजुट हो गई और हर सदस्य ने खुद को एक लीडर के रूप में पहचानना शुरू किया।

**सीख :** लीडरशिप के गुणों का विकास करना किसी भी टीम की सफलता के लिए बहुत जरूरी है। जब हर सदस्य को लीडरशिप का मौका दिया जाता है, तो उनकी जिम्मेदारी की भावना बढ़ती है और टीम का प्रदर्शन भी बेहतर होता है। एक अच्छे लीडर का काम अपनी टीम में इन गुणों को विकसित करना होता है, ताकि पूरी टीम सफलता की ओर मिलकर बढ़ सके।

## टीम की उपलब्धियों का जश्न मनाना :

टीमवर्क की सफलता में उपलब्धियों का जश्न मनाना एक महत्त्वपूर्ण हिस्सा है। जब आप अपनी टीम के छोटे-बड़े सभी कार्यों को पहचानते हैं और उनके लिए जश्न मनाते हैं, तो इससे टीम का मनोबल बढ़ता है। हर सदस्य को यह महसूस होता है कि उसकी मेहनत की सराहना हो रही है। इससे न सिर्फ टीम के सभी सदस्य खुश रहते हैं, बल्कि उनमें आगे के लक्ष्यों को हासिल करने के लिए उत्साह और आत्मविश्वास भी बढ़ता है। उपलब्धियों का जश्न मनाने से टीम में एक सकारात्मक माहौल बनता है, और हर सदस्य और मेहनत से काम करने के लिए प्रेरित होता है। यह न केवल टीम की एकजुटता को मजबूत करता है,

बल्कि उन्हें नए लक्ष्यों को प्राप्त करने के लिए प्रेरित भी करता है।

टीम की हर उपलब्धि का जश्न मनाने से सभी सदस्यों का मनोबल ऊँचा रहता है और वे अधिक उत्साह के साथ काम करते हैं।

**वास्तविक जीवन की कहानी :** दिनेश बंसल, सहारनपुर (नेटवर्क लीडर) की टीम ने एक महीने में कई छोटे-छोटे लक्ष्य प्राप्त किए थे, लेकिन उसने महसूस किया कि सिर्फ़ बड़े लक्ष्यों का जश्न मनाना काफी नहीं है। उसने सोचा कि हर छोटी सफलता को भी मान्यता मिलनी चाहिए ताकि टीम का मनोबल ऊँचा रहे। दिनेश ने अपनी टीम की मीटिंग में हर सदस्य की छोटी-छोटी उपलब्धियों को पहचानने का फैसला किया। उसने सभी सदस्यों की मेहनत की सराहना की और उनका जश्न मनाया। इससे टीम के सदस्यों ने खुद को अधिक महत्त्व देना शुरू कर दिया और उन्हें महसूस हुआ कि उनकी मेहनत की कदर हो रही है। नतीजतन, अगले महीने टीम के सभी सदस्य और भी अधिक उत्साह और प्रेरणा के साथ काम करने लगे।

**सीख :** छोटी-छोटी उपलब्धियों का जश्न मनाने से टीम का मनोबल बढ़ता है और सभी सदस्य अपने योगदान को महत्त्वपूर्ण मानते हैं। इससे टीम में एक सकारात्मक और मजबूत कार्य संस्कृति विकसित होती है, जिससे सफलता की संभावना और भी बढ़ जाती है।

## टीम को प्रेरित और सक्रिय कैसे रखें :

एक लीडर के रूप में, अपनी टीम को प्रेरित और सक्रिय बनाए रखना आपकी सबसे बड़ी जिम्मेदारी है। जब टीम का उत्साह कम हो जाता है, तो इसका सीधा असर व्यवसाय की प्रगति पर पड़ता है। इसलिए, आपको अपनी टीम को हमेशा प्रेरित और उत्साहित बनाए रखने के लिए नए-नए तरीकों और रणनीतियों को अपनाना चाहिए। उदाहरण के लिए, नियमित मीटिंग्स आयोजित करें जहाँ टीम के सदस्य अपनी चुनौतियों और उपलब्धियों को साझा कर सकें। इसके अलावा, टीम के हर छोटे-बड़े प्रयास की सराहना करें और उनकी सफलता का जश्न मनाएँ। इससे टीम का मनोबल ऊँचा रहता है और वे अधिक सक्रिय रहते हैं।

टीम को प्रेरित रखना एक सतत प्रक्रिया है। जब आप अपनी टीम का उत्साह बनाए रखते हैं, तो व्यवसाय तेजी से आगे बढ़ता है।

**वास्तविक जीवन की कहानी :** प्रिया बंसल, सहारन पुर (नेटवर्क लीडर) की टीम

शुरुआत में बहुत अच्छा काम कर रही थी, लेकिन धीरे-धीरे टीम का उत्साह कम होने लगा। प्रिया ने इस स्थिति को समझा और अपनी टीम को फिर से प्रेरित करने के लिए नई रणनीतियाँ अपनाई। उसने टीम के भीतर प्रतियोगिताओं का आयोजन किया, जहाँ जो सदस्य सबसे ज्यादा बिक्री करेगा या नए लोगों को जोड़ेगा, उसे पुरस्कार मिलेगा। इससे टीम के सदस्यों में प्रतिस्पर्धा की भावना जागी और वे फिर से उत्साहित होने लगे। इसके अलावा, प्रिया बंसलने अपनी टीम को मासिक लक्ष्य दिए, ताकि हर सदस्य को एक स्पष्ट दिशा मिले। टीम को प्रेरित रखने के लिए प्रिया बंसलने व्यक्तिगत सफलता की कहानियाँ भी साझा कीं, जिसमें टीम के सदस्यों की मेहनत और उनकी सफलताएँ शामिल थीं। इन कहानियों से टीम को प्रेरणा मिली और उनका आत्मविश्वास बढ़ा।धीरे-धीरे, प्रिया बंसलकी टीम ने फिर से अपनी पुरानी रफ्तार पकड़ी और सभी सदस्य सक्रिय रूप से काम करने लगे।

टीम को प्रेरित और सक्रिय बनाए रखने के लिए आपको हमेशा नए लक्ष्य, प्रतियोगिताएँ और प्रेरणादायक कहानियों का सहारा लेना चाहिए। यह न केवल टीम के सदस्यों को प्रेरित करता है, बल्कि उन्हें व्यवसाय में निरंतरता और उत्साह के साथ काम करने के लिए भी प्रेरित करता है।

## निष्कर्ष

टीमवर्क का महत्त्व नेटवर्क मार्केटिंग की सफलता में बेहद महत्त्वपूर्ण है। जब आपकी टीम के सभी सदस्य मिलकर काम करते हैं, तो आपके व्यवसाय की प्रगति तेज हो जाती है।

टीम के भीतर सहयोग और विश्वास का निर्माण करना, लीडरशिप गुणों को विकसित करना, टीम की उपलब्धियों का जश्न मनाना, और टीम को प्रेरित और सक्रिय बनाए रखना ही एक मजबूत और सफल टीम की पहचान है। जब आपकी टीम एकजुट होकर काम करती है, तो आप न केवल अपने लक्ष्यों को प्राप्त करते हैं, बल्कि पूरी टीम के साथ सफलता का आनंद भी उठाते हैं।

टीमवर्क की शक्ति आपके व्यवसाय को नई ऊँचाइयों तक ले जा सकती है, इसलिए अपनी टीम के साथ हमेशा सहयोग, प्रेरणा और समर्थन बनाए रखें।

अब हम आपके सामने कुछ सवाल रख रहे हैं, जिनके जवाब आपको खुद देने होंगे। ये सवाल बेहद जरूरी हैं और आपके व्यवसाय और व्यक्तिगत विकास के लिए महत्त्वपूर्ण साबित हो सकते हैं

**1. सहयोग और विश्वास:**

- **सवाल:** *क्या आप अपनी टीम के सदस्यों के बीच सहयोग और विश्वास का माहौल बना रहे हैं?*
- **सवाल:** *आप अपनी टीम के भीतर सहयोग बढ़ाने के लिए कौन से कदम उठा सकते हैं?*

**2. लीडरशिप विकास :**

- **सवाल:** *क्या आप अपनी टीम के सदस्यों को लीडरशिप के अवसर प्रदान कर रहे हैं?*
- **सवाल:** *आप अपनी टीम के अन्य सदस्यों को कैसे प्रेरित कर सकते हैं ताकि वे भी लीडरशिप के गुणों का विकास कर सकें?*

**3. उपलब्धियों का जश्न :**

- **सवाल:** *क्या आप अपनी टीम की हर छोटी-बड़ी उपलब्धि को मान्यता देते हैं?*
- **सवाल:** *आप अपनी टीम की उपलब्धियों का जश्न कैसे मना सकते हैं ताकि वे और अधिक प्रेरित हों?*

**4. टीम को प्रेरित रखना :**

- **सवाल:** *क्या आप नियमित रूप से अपनी टीम को प्रेरित रखने के लिए नई रणनीतियाँ अपनाते हैं?*
- **सवाल:** *आप अपनी टीम को सक्रिय बनाए रखने के लिए क्या नई योजनाएँ या प्रतियोगिताएँ शुरू कर सकते हैं?*

## संदेश

***"सफलता अकेले की मंजिल नहीं है, यह एक पूरी टीम की यात्रा होती है।"***

*नेटवर्क मार्केटिंग में आपकी टीम ही आपकी सबसे बड़ी ताकत है। जब आप अपनी टीम के साथ मिलकर काम करते हैं, एक-दूसरे का सहयोग करते हैं और विश्वास बनाए रखते हैं, तो आपके व्यवसाय की प्रगति तेज हो जाती है। याद रखें, अकेले आप तेज़ दौड़ सकते हैं, लेकिन एक मजबूत टीम के साथ आप दूर तक जा सकते हैं।*

# 12

# ऑनलाइन टूल और सोशल मीडिया का प्रभावी उपयोग

आज के डिजिटल युग में, नेटवर्क मार्केटिंग ने एक नई दिशा ली है। पहले जहां व्यवसाय को बढ़ाने के लिए व्यक्तिगत मुलाकातों और काफी समय की आवश्यकता होती थी, अब सोशल मीडिया और ऑनलाइन टूल्स ने इसे और भी आसान बना दिया है। फेसबुक, इंस्टाग्राम, व्हाट्सएप, और लिंक्डइन जैसे प्लेटफार्मों के माध्यम से आप हजारों लोगों से जुड़ सकते हैं और अपने उत्पादों और सेवाओं की जानकारी साझा कर सकते हैं। डिजिटल मार्केटिंग रणनीतियों, जैसे कि पोस्ट्स, वीडियो, और वेबिनार्स के जरिए आप न केवल अधिक लोगों तक पहुँच सकते हैं, बल्कि समय और धन की भी बचत कर सकते हैं। सही ऑनलाइन रणनीतियों का उपयोग करके, आप अपने व्यवसाय को तेज़ी से बढ़ा सकते हैं और दीर्घकालिक सफलता प्राप्त कर सकते हैं।

इस अध्याय में, हम जानेंगे कि कैसे आप ऑनलाइन टूल्स और सोशल मीडिया का प्रभावी तरीके से उपयोग करके अपने नेटवर्क मार्केटिंग व्यवसाय को आगे बढ़ा सकते हैं। इसके साथ ही, हम वास्तविक जीवन की कहानियों के माध्यम से यह समझेंगे कि कैसे लोग इन उपकरणों का उपयोग करके सफल हुए।

## डिजिटल युग में नेटवर्क मार्केटिंग की रणनीतियाँ :

डिजिटल युग ने नेटवर्क मार्केटिंग को और भी सुलभ बना दिया है। अब आपको नए लोगों से मिलने और उनके साथ संबंध बनाने के लिए दूर-दूर तक यात्रा करने की जरूरत

नहीं है। आप ऑनलाइन रहते हुए भी अपने संभावित ग्राहकों और टीम मेंबर्स से जुड़ सकते हैं। डिजिटल टूल्स का सही उपयोग करके, आप अपने व्यवसाय को समय और स्थान की सीमाओं से परे ले जा सकते हैं।

**वास्तविक जीवन की कहानी:** निशा शर्मा ने नेटवर्क मार्केटिंग की शुरुआत की थी, लेकिन शुरुआत में उसे लगा कि वह सिर्फ अपने इलाके में काम करने तक सीमित रह गई है। उसके मेंटर ने उसे सलाह दी कि वह डिजिटल टूल्स और सोशल मीडिया का उपयोग करके अपने व्यवसाय को विस्तार दे। निशा ने फेसबुक और इंस्टाग्राम जैसे प्लेटफ़ॉर्म्स पर सक्रिय रहना शुरू किया। उसने अपने उत्पादों और सेवाओं के बारे में पोस्ट करना शुरू किया और नियमित रूप से नए संभावित ग्राहकों से जुड़ने लगी। धीरे-धीरे उसने एक डिजिटल नेटवर्क बनाया, जिसमें कई लोग ऑनलाइन उसकी टीम में शामिल हुए।अब निशा का नेटवर्क सिर्फ उसके इलाके तक सीमित नहीं है, बल्कि दूर-दराज के शहरों और क्षेत्रों में भी उसका व्यवसाय फैल चुका है। उसकी मेहनत और डिजिटल रणनीतियों का परिणाम यह हुआ कि आज उसका व्यवसाय तेजी से बढ़ रहा है, और वह नए ऊँचाइयों को छू रही है।

**सीख:** डिजिटल युग में, नेटवर्क मार्केटिंग के लिए सोशल मीडिया और ऑनलाइन टूल्स का उपयोग अत्यधिक महत्त्वपूर्ण हो गया है। यह आपको स्थानीय सीमाओं से तोड़कर, बड़े पैमाने पर लोगों से जुड़ने और अपने व्यवसाय को तेजी से बढ़ाने में मदद करता है।

## सोशल मीडिया प्लेटफ़ॉर्म का प्रभावी उपयोग:

सोशल मीडिया आज के नेटवर्क मार्केटिंग में सबसे महत्त्वपूर्ण और शक्तिशाली उपकरणों में से एक है। Facebook, Instagram, LinkedIn जैसे प्लेटफॉर्म आपको बिना भौगोलिक सीमाओं के दुनिया भर के लोगों से जुड़ने का अवसर प्रदान करते हैं। इन प्लेटफ़ॉर्म्स पर आपकी नियमित सक्रियता और उपस्थिति आपकी सफलता को सीधे प्रभावित करती है। सही डिजिटल रणनीतियों के साथ, आप नए संभावित ग्राहकों तक आसानी से पहुँच सकते हैं और उन्हें अपने उत्पादों या सेवाओं से परिचित करा सकते हैं। इसके अलावा, आप इन प्लेटफॉर्म्स का उपयोग करके अपनी टीम को भी तेजी से बढ़ा सकते हैं। सोशल मीडिया पर अपनी सफलता की कहानियाँ साझा करना और उत्पादों की

विशेषताओं को दर्शाना आपके व्यवसाय को प्रभावी ढंग से आगे बढ़ाने में मदद करता है।

**वास्तविक जीवन की कहानी:** आदित्य कुमार ने अपने नेटवर्क मार्केटिंग व्यवसाय को तेजी से बढ़ाने के लिए सोशल मीडिया का सहारा लिया। उसने Facebook और Instagram पर एक प्रोफेशनल प्रोफाइल बनाई और वहाँ नियमित रूप से मूल्यवान सामग्री पोस्ट करनी शुरू की। उसने अपने ग्राहकों के सकारात्मक अनुभव साझा किए, उत्पाद उपयोग के आसान और प्रभावी टिप्स दिए, और व्यवसाय के बारे में महत्त्वपूर्ण जानकारी उपलब्ध कराई। इन पोस्ट्स की वजह से उसके फॉलोअर्स की संख्या बढ़ने लगी और नए संभावित ग्राहक और टीम मेंबर्स उससे जुड़ने लगे। कुछ ही महीनों में, आदित्य ने सैकड़ों नए ग्राहकों और संभावित टीम मेंबर्स के साथ संपर्क स्थापित कर लिया। इससे न केवल उसका व्यवसाय तेजी से बढ़ा, बल्कि उसकी डिजिटल पहचान भी मजबूत हो गई।

**सीख :** सोशल मीडिया पर लगातार सक्रिय रहने और सही रणनीति अपनाने से आप अपने नेटवर्क मार्केटिंग व्यवसाय को आसानी से बढ़ा सकते हैं। नियमित पोस्ट, सही कंटेंट, और प्रभावी सहभागिता आपको व्यापक लोगों तक पहुँचाने और ग्राहकों को आकर्षित करने में मदद करती है।

## CRM और ईमेल मार्केटिंग टूल्स का सही उपयोग

CRM (Customer Relationship Management) और ईमेल मार्केटिंग टूल्स का सही उपयोग नेटवर्क मार्केटिंग में सफलता की कुंजी हो सकता है। CRM टूल्स आपको आपके ग्राहकों और संभावित ग्राहकों की जानकारी व्यवस्थित रखने में मदद करते हैं। इसके जरिए आप उनकी प्राथमिकताओं, खरीदारी के इतिहास और अन्य महत्त्वपूर्ण जानकारी पर नजर रख सकते हैं। इससे आपको सही समय पर फ़ॉलो-अप करने और ग्राहकों की ज़रूरतों को बेहतर ढंग से समझने का मौका मिलता है।

ईमेल मार्केटिंग टूल्स की मदद से आप अपने ग्राहकों और टीम मेंबर्स को नियमित रूप से अपडेट्स और प्रमोशन्स भेज सकते हैं। यह न केवल संपर्क में बने रहने में मदद करता है, बल्कि ग्राहकों को नए प्रोडक्ट्स और सेवाओं की जानकारी भी देता है। इन दोनों टूल्स का सही उपयोग आपके व्यवसाय को प्रभावी ढंग से बढ़ावा देने और लंबे समय तक अच्छे संबंध बनाने में सहायक हो सकता है।

**वास्तविक जीवन की कहानी:** विनोद प्रसाद, जो रतलाम, मध्य प्रदेश के निवासी

हैं, ने अपने नेटवर्क मार्केटिंग व्यवसाय को व्यवस्थित करने के लिए CRM (Customer Relationship Management) का उपयोग शुरू किया। पहले वह अपने संभावित ग्राहकों और टीम के सदस्यों की जानकारी को कागजों या मोबाइल नोट्स में दर्ज करते थे, जिससे उन्हें जानकारी ढूंढने और समय पर फ़ॉलो-अप करने में कठिनाई होती थी। फिर उन्होंने CRM टूल्स का उपयोग करना शुरू किया, जिससे उनका काम आसान हो गया।

विनोद ने अपने सभी संभावित ग्राहकों और टीम के सदस्यों की जानकारी को CRM में स्टोर किया। इसके बाद, उन्होंने नियमित रूप से ईमेल के जरिए अपने ग्राहकों और टीम मेंबर्स को अपडेट भेजना शुरू किया। इस प्रक्रिया से न केवल उनके सभी संपर्कों से जुड़े रहना आसान हुआ, बल्कि वह समय पर फ़ॉलो-अप भी कर पाए। CRM की मदद से, विनोद ने किसी भी ग्राहक को नज़रअंदाज़ नहीं किया और उनके साथ एक मजबूत और विश्वसनीय संबंध बनाए।

CRM का सही उपयोग करते हुए, विनोद ने अपने नेटवर्क को बेहतर तरीके से संभालना शुरू किया, जिससे उनकी बिक्री में तेजी से वृद्धि हुई। आज, उनका व्यवसाय पहले से अधिक संगठित और प्रभावी है।

**सीख :** CRM और ईमेल मार्केटिंग टूल्स का सही उपयोग करने से व्यवसाय अधिक व्यवस्थित और प्रभावी बन सकता है। ये उपकरण न केवल आपके संपर्कों को बेहतर तरीके से प्रबंधित करने में मदद करते हैं, बल्कि समय पर फ़ॉलो-अप और ग्राहकों से जुड़े रहने का अवसर भी प्रदान करते हैं, जिससे व्यवसाय की सफलता सुनिश्चित होती है।

## वर्चुअल मीटिंग्स और वेबिनार्स की शक्ति

वर्चुअल मीटिंग्स और वेबिनार्स ने नेटवर्क मार्केटिंग को और भी आसान और प्रभावी बना दिया है। अब आप अपने संभावित ग्राहकों और टीम के सदस्यों से दुनिया के किसी भी कोने से आसानी से जुड़ सकते हैं। Zoom, Google Meet और Microsoft Teams जैसे प्लेटफ़ॉर्म्स की मदद से आप वर्चुअल प्रेजेंटेशन और ट्रेनिंग सत्र आयोजित कर सकते हैं। इससे न केवल आपका समय बचेगा, बल्कि आपकी पहुँच भी व्यापक हो जाएगी।

वर्चुअल मीटिंग्स के जरिए आप अपने व्यवसाय की जानकारी, प्रोडक्ट्स और सेवाओं की प्रेजेंटेशन आसानी से साझा कर सकते हैं। साथ ही, टीम मेंबर्स को ट्रेनिंग देने के लिए भी ये प्लेटफ़ॉर्म्स बहुत मददगार साबित होते हैं। इनका उपयोग करने से आपको यात्रा की

ज़रूरत नहीं पड़ती, जिससे आप कम समय में अधिक लोगों से जुड़ सकते हैं। वर्चुअल प्लेटफ़ॉर्म्स ने नेटवर्क मार्केटिंग को नए स्तर पर पहुँचाने में महत्त्वपूर्ण भूमिका निभाई है।

**वास्तविक जीवन की कहानी :** विकास कटारिया, जो भागलपुर, बिहार के निवासी हैं, ने महसूस किया कि व्यक्तिगत रूप से हर समय मीटिंग्स करना उनके लिए संभव नहीं था। उनके पास इतने सारे संभावित ग्राहक और टीम के सदस्य थे कि हर किसी से मिलना कठिन हो गया था। तब उन्होंने वर्चुअल मीटिंग्स का उपयोग करने का निर्णय लिया और हर हफ्ते वेबिनार आयोजित करना शुरू किया।

इन वेबिनार्स में विकास व्यवसाय से जुड़ी जानकारी साझा करते थे, ग्राहकों के सवालों के जवाब देते थे और नए उत्पादों के बारे में बताते थे। इससे उनके संभावित ग्राहकों और टीम के सदस्यों के साथ जुड़ने का एक नया और सरल तरीका मिल गया। अब उन्हें यात्रा करने या व्यक्तिगत रूप से हर किसी से मिलने की जरूरत नहीं थी। वर्चुअल मीटिंग्स के जरिए वह अपनी टीम को प्रभावी तरीके से प्रशिक्षित कर पाते और अधिक से अधिक लोगों तक पहुंच बना पाते थे। धीरे-धीरे उनकी टीम बड़ी होती गई, और वर्चुअल प्लेटफ़ॉर्म्स के जरिए उनकी उपस्थिति और भी मजबूत हो गई। इससे न केवल उनका व्यवसाय तेजी से बढ़ा, बल्कि उनका समय भी बचा और उनकी उत्पादकता भी बढ़ी।

सीख : वर्चुअल मीटिंग्स और वेबिनार्स के ज़रिए आप बिना यात्रा किए अधिक लोगों से जुड़ सकते हैं। यह तरीका न केवल आपके समय को बचाता है, बल्कि आपके व्यवसाय को भी अधिक प्रभावी बनाता है।

## निष्कर्ष

आज के डिजिटल युग में, ऑनलाइन टूल्स और सोशल मीडियाने नेटवर्क मार्केटिंग को और भी आसान और सुलभ बना दिया है। सही तरीके से डिजिटल उपकरणों का उपयोग करके, आप अपने व्यवसाय को सीमाओं से परे ले जा सकते हैं और तेजी से सफलता प्राप्त कर सकते हैं। सोशल मीडिया प्लेटफ़ॉर्म्स, CRM और ईमेल मार्केटिंग टूल्स, वर्चुअल मीटिंग्स और वेबिनार्स का सही उपयोग करके, आप अपने नेटवर्क मार्केटिंग व्यवसाय को नई ऊंचाइयों तक ले जा सकते हैं।

याद रखें, डिजिटल उपकरणों का सही और प्रभावी उपयोग न केवल आपको समय बचाने में मदद करता है, बल्कि आपको अपने ग्राहकों और टीम के साथ एक स्थायी संबंध बनाने का भी मौका देता है।

अब हम आपके सामने कुछ सवाल रख रहे हैं, जिनके जवाब आपको खुद देने होंगे। ये सवाल बेहद जरूरी हैं और आपके व्यवसाय और व्यक्तिगत विकास के लिए महत्त्वपूर्ण साबित हो सकते हैं:

**1.ऑनलाइन टूल्स का उपयोग :**

- **सवाल:** क्या आप अपने व्यवसाय में किसी डिजिटल टूल (CRM, ईमेल मार्केटिंग, सोशल मीडिया) का उपयोग कर रहे हैं?
- **सवाल:** यदि नहीं, तो आप कौन से ऑनलाइन टूल्स का उपयोग शुरू कर सकते हैं जो आपके व्यवसाय को बेहतर बना सकें?

**2. सोशल मीडिया पर उपस्थिति :**

- **सवाल:** क्या आप नियमित रूप से Facebook, Instagram, या LinkedIn पर अपने व्यवसाय से संबंधित सामग्री साझा करते हैं?
- **सवाल**: सोशल मीडिया पर आपकी क्या रणनीति है, और आप इसे कैसे और प्रभावी बना सकते हैं?

**3. वर्चुअल मीटिंग्स और वेबिनार्स :**

- **सवाल:** क्या आप वर्चुअल मीटिंग्स या वेबिनार्स का आयोजन करते हैं?
- **सवाल:** आप किस प्रकार के वर्चुअल कार्यक्रमों को अपने व्यवसाय में जोड़ सकते हैं जो आपके ग्राहकों और टीम को फायदा पहुँचाएँ?

**4. CRM और ईमेल मार्केटिंग का उपयोग :**

- **सवाल:** क्या आपने अपने ग्राहकों और टीम के लिए CRM या ईमेल मार्केटिंग टूल्स का सेटअप किया है?
- **सवाल:** आप अपने व्यवसाय को व्यवस्थित और प्रभावी बनाने के लिए इन उपकरणों का उपयोग कैसे कर सकते हैं?

## संदेश

**"डिजिटल युग में, आपकी सफलता की सीमाएँ केवल आपकी कल्पना तक सीमित हैं।"**

आज के समय में, ऑनलाइन टूल्स और सोशल मीडिया ने नेटवर्क मार्केटिंग को एक नए स्तर पर पहुँचा दिया है। यह सिर्फ़ एक सुविधा नहीं है, बल्कि यह आपके व्यवसाय को नई ऊँचाइयों तक ले जाने का एक सशक्त साधन है।

सही डिजिटल रणनीति अपनाकर, आप उन अवसरों का लाभ उठा सकते हैं जो पहले केवल सीमित थे।"तो, आगे बढ़ें, अपनी ऑनलाइन उपस्थिति को मजबूत करें, और अपने व्यवसाय को भविष्य की दिशा में ले जाएँ।

नेटवर्क मार्केटिंग में आपकी सफलता इस बात से तय होती है कि आप दूसरों की कितनी मदद करते हैं और उन्हें कितना महत्व देते हैं। जब आप अपनी टीम और ग्राहकों की जरूरतों को समझते हैं और उनका भला सोचते हैं, तो वे आप पर भरोसा करते हैं। यही विश्वास आपकी सफलता को बढ़ाने का मुख्य कारण बनता है।

# 13

# स्व-प्रेरणा और आत्म-अनुशासन

नेटवर्क मार्केटिंग में सफलता की कुंजीस्व-प्रेरणा और आत्म-अनुशासन है। यह एक ऐसा व्यवसाय है जिसमें आपका सबसे बड़ा साथी आप स्वयं होते हैं। आपको अपने लक्ष्य की ओर खुद को प्रेरित रखना होगा और अपनी गतिविधियों को अनुशासन के साथ प्रबंधित करना होगा। जितना आप अपने समय और कार्यों को सही तरीके से मैनेज करेंगे, उतनी ही तेजी से आप सफलता की ओर बढ़ेंगे। इस अध्याय में हम आत्म-अनुशासन का महत्त्व, खुद को प्रेरित रखने के तरीके, और व्यक्तिगत विकास के लिए समर्पण पर चर्चा करेंगे।

## नेटवर्क मार्केटिंग में आत्म-अनुशासन का महत्त्व

नेटवर्क मार्केटिंग में आत्म-अनुशासन का बहुत महत्त्व है क्योंकि इसमें आप अपने खुद के बॉस होते हैं। यहाँ आपको यह बताने वाला कोई नहीं होता कि कब और कैसे काम करना है। इसलिए, आपकी सफलता पूरी तरह से आपके आत्म-अनुशासन पर निर्भर करती है। आत्म-अनुशासन ही वह ताकत है जो आपको हर दिन अपने लक्ष्यों की ओर बढ़ने के लिए प्रेरित करता है।

जब आप नेटवर्क मार्केटिंग में होते हैं, तो आपको खुद तय करना होता है कि कब मीटिंग्स करनी हैं, कब ग्राहकों से संपर्क करना है और कब नए संभावित ग्राहकों से

मिलना है। अगर आप अनुशासन में रहकर काम करेंगे, तो आप समय पर फ़ॉलो-अप कर पाएँगे और अपने व्यवसाय को लगातार आगे बढ़ा पाएंगे। आत्म-अनुशासन ही आपकी सफलता की कुंजी है, जो आपको नियमित और समर्पित बनाए रखता है।

**वास्तविक जीवन की कहानी:** सतीश देशमुख, जो कोल्हापुर, महाराष्ट्र के निवासी हैं, ने जब नेटवर्क मार्केटिंग की शुरुआत की, तो शुरुआती कुछ महीने उनके लिए काफी कठिन साबित हुए। वह अपनी गतिविधियों को सही तरीके से प्रबंधित नहीं कर पा रहे थे, जिसके कारण उनकी प्रगति धीमी हो गई। उन्हें यह समझ में नहीं आ रहा था कि कैसे अपने व्यवसाय को सही दिशा में ले जाएँ।

तभी उनके एक मेंटर ने उन्हें आत्म-अनुशासन अपनाने का सुझाव दिया। मेंटर की सलाह पर सतीश ने हर दिन अपने कार्यों की एक सूची बनानी शुरू की और ठान लिया कि वह हर काम को समय पर पूरा करेंगे। उन्होंने समय का बेहतर प्रबंधन किया और अपनी प्राथमिकताओं को सही ढंग से निर्धारित किया।

कुछ ही महीनों में सतीश की मेहनत और आत्म-अनुशासन ने उन्हें सफलता की राह पर अग्रसर कर दिया। उनकी टीम तेजी से बढ़ने लगी और उनका नेटवर्क मार्केटिंग व्यवसाय भी उन्नति करने लगा।

**सीख :** आत्म-अनुशासन के बिना नेटवर्क मार्केटिंग में निरंतर प्रगति करना मुश्किल होता है। अपने कामों को समय पर और अनुशासन के साथ करना ही सफलता की नींव है, जो लंबे समय तक आपके व्यवसाय को ऊँचाइयों तक पहुँचाता है।

## अपने आप को प्रेरित कैसे रखें:

नेटवर्क मार्केटिंग में सफलता पाने के लिए खुद को हर दिन प्रेरित रखना बहुत जरूरी है। यह एक ऐसा व्यवसाय है जिसमें निरंतर प्रयास करने की आवश्यकता होती है। कई बार आपको अस्वीकृति का भी सामना करना पड़ सकता है, जिससे मनोबल गिर सकता है। लेकिन असली चुनौती यही है कि आप अपने आप को कैसे प्रेरित रखते हैं।हर दिन अपने लक्ष्य को ध्यान में रखते हुए काम करना और अपनी प्रगति का आकलन करना आपको आगे बढ़ने में मदद करेगा। छोटे-छोटे लक्ष्य बनाकर उन्हें पूरा करना भी प्रेरणा का स्रोत बन सकता है। जब आप अपने काम में सकारात्मकता बनाए रखेंगे, तो असफलताएँ भी आपको रोक नहीं पाएँगी।

खुद को प्रेरित रखना ही वह शक्ति है जो आपको कठिनाइयों से लड़ने और आगे बढ़ने

की ताकत देती है। इसी आत्म-प्रेरणा से आप अपने नेटवर्क मार्केटिंग व्यवसाय में सफलता की ओर निरंतर बढ़ सकते हैं।

**वास्तविक जीवन की कहानी:** सुमन कश्यप जो रोहतक, हरियाणा की निवासी हैं, ने जब नेटवर्क मार्केटिंग की शुरुआत की, तो उसे कई बार अस्वीकृति का सामना करना पड़ा। यह उसके लिए निराशाजनक समय था, लेकिन उसने हार नहीं मानी। ऐसे कठिन समय में, सुमन ने खुद को प्रेरित रखने के लिए अपने लक्ष्यों और सपनों पर ध्यान केंद्रित किया। वह हर सुबह अपने सपनों को याद करती और खुद से पूछती, "मैं यह सब क्यों कर रही हूं?" यह सोच उसे हर दिन नई ऊर्जा देता था। सुमन ने नेटवर्क मार्केटिंग रिलेटड और प्रेरणादायक किताबें पढ़ना शुरू किया, जिनसे उसे सकारात्मक सोच मिली। साथ ही, उसने सफल लोगों की कहानियां सुनीं, जिससे उसका मनोबल ऊँचा बना रहा। इन कहानियों ने उसे यह एहसास दिलाया कि असफलता सिर्फ एक पड़ाव है और सफलता पाने के लिए लगातार प्रयास करना जरूरी है।

सुमन की यह आदतें उसे हर दिन प्रेरित रखती थीं। उसने कभी भी असफलताओं को अपने ऊपर हावी नहीं होने दिया और हर चुनौती का सामना करते हुए आगे बढ़ी। अंततः उसकी मेहनत और आत्म-प्रेरणा ने उसे सफलता की ओर ले गयी।

**सीख :** खुद को प्रेरित रखने के लिए अपने लक्ष्यों को याद रखना, प्रेरणादायक किताबें पढ़ना, और सफलता की कहानियों से सीख लेना महत्त्वपूर्ण है। आत्म-प्रेरणा ही वह साधन है जो आपको हर संघर्ष में आगे बढ़ने का हौसला देती है।

## समय प्रबंधन और प्राथमिकता निर्धारण

समय प्रबंधन नेटवर्क मार्केटिंग में सफलता की एक महत्त्वपूर्ण कुंजी है। जब आप अपने समय को सही तरीके से मैनेज करते हैं और अपनी प्राथमिकताओं को ठीक से तय करते हैं, तो आप कम समय में ज्यादा काम कर सकते हैं। इस व्यवसाय में कई बार आपको ग्राहकों से मिलना, टीम को ट्रेनिंग देना और नए संभावित ग्राहकों से संपर्क करना होता है। अगर आप अपने दिन की योजना पहले से बना लेते हैं और तय करते हैं कि किस काम को पहले करना है, तो आपका काम आसान हो जाता है।

समय का सही उपयोग करने से न केवल आपकी उत्पादकता बढ़ती है, बल्कि आपको अधिक संतुलित और व्यवस्थित महसूस होता है। अपने लक्ष्य को ध्यान में रखते हुए, हर दिन थोड़ी-थोड़ी प्रगति करना आपको सफलता के करीब लाता है। इसलिए, समय प्रबंधन

का सही तरीका अपनाकर आप अपने नेटवर्क मार्केटिंग व्यवसाय में अधिक प्रभावी और सफल हो सकते हैं।

**वास्तविक जीवन की कहानी:** नीलम अग्रवाल, जो सूरत, गुजरात की निवासी हैं, ने जब नेटवर्क मार्केटिंग की शुरुआत की, तो उसे समय की कमी का एहसास होने लगा। वह अपने व्यवसाय और निजी जीवन के बीच संतुलन नहीं बना पा रही थी। काम का बोझ बढ़ने से वह अक्सर परेशान रहने लगी। ऐसे में उसने समय प्रबंधन पर ध्यान देने का फैसला किया।

नीलम ने अपने दिन का एक शेड्यूल तैयार किया, जिसमें सबसे महत्त्वपूर्ण कार्यों को प्राथमिकता दी। उसने सुबह के समय अपने व्यवसाय के सबसे जरूरी कामों को पूरा करना शुरू किया, जैसे ग्राहकों से संपर्क करना, टीम मेंबर्स को प्रशिक्षित करना और नए संभावित ग्राहकों से बात करना। इसके बाद वह अपने निजी कामों पर ध्यान देती।

समय की सही योजना बनाकर नीलम ने महसूस किया कि वह कम समय में ज्यादा काम कर सकती है। धीरे-धीरे, उसकी मेहनत और समय प्रबंधन की आदत से उसके व्यवसाय में तेजी से वृद्धि होने लगी। नीलम अब अधिक संतुलित और व्यवस्थित महसूस करने लगी, और उसका व्यवसाय भी सफल हो रहा था।

**सीख:** समय प्रबंधन के जरिए आप अपने दिन को बेहतर ढंग से संचालित कर सकते हैं। सबसे महत्त्वपूर्ण कार्यों को प्राथमिकता दें और समय का सही उपयोग करें। इससे आपका व्यवसाय तेजी से आगे बढ़ेगा और आप अधिक सफल हो पाएंगे।

## व्यक्तिगत विकास के लिए समर्पण

नेटवर्क मार्केटिंग में सफलता पाने के लिए जरूरी है कि आप लगातार अपने व्यक्तिगत विकास पर ध्यान दें। यह व्यवसाय सिर्फ उत्पाद बेचने या लोगों को जोड़ने तक सीमित नहीं है, बल्कि यह एक व्यक्तिगत विकास यात्रा भी है।जब आप अपनी स्किल्स और ज्ञान को बेहतर बनाते हैं, तो आप अपने ग्राहकों और टीम के साथ अधिक प्रभावी तरीके से जुड़ पाते हैं। आत्मविश्वास, संचार कौशल, और नेतृत्व क्षमता जैसी चीजें आपको एक सफल नेटवर्क मार्केटर बनाती हैं।

जब आप खुद को सुधारते हैं, तो इसका सीधा असर आपके व्यवसाय पर पड़ता है। आपके प्रयासों का असर आपकी टीम पर भी दिखता है, जिससे वे भी प्रेरित होकर अपना सर्वश्रेष्ठ प्रदर्शन करते हैं। इसलिए, नेटवर्क मार्केटिंग में सफलता के लिए जरूरी है कि आप

न केवल अपने व्यवसाय पर ध्यान दें, बल्कि अपने व्यक्तिगत विकास पर भी काम करें। जब आप बेहतर बनते हैं, तो आपका व्यवसाय भी बेहतर होता है।

**वास्तविक जीवन की कहानी:** अमित भट्ट, जो जम्मू-कश्मीर के निवासी हैं, ने नेटवर्क मार्केटिंग में कई साल बिताए, लेकिन उसकी असली सफलता तब आई जब उसने अपने व्यक्तिगत विकास पर ध्यान देना शुरू किया। पहले, वह सिर्फ प्रोडक्ट्स बेचने और लोगों को जोड़ने में ध्यान देता था, लेकिन उसने महसूस किया कि यह पर्याप्त नहीं है। इसके बाद अमित ने नेटवर्क मार्किट रिलेटेड और प्रेरणादायक किताबें पढ़नी शुरू कीं, सेमिनारों में भाग लिया, और अपने लीडरशिप गुणों को विकसित किया। उसने यह समझा कि अगर वह खुद को बेहतर बनाएगा, तो वह अपनी टीम को भी बेहतर तरीके से मार्गदर्शन कर पाएगा। जब उसने व्यक्तिगत विकास पर ध्यान दिया, तो उसका आत्मविश्वास बढ़ा और उसके संचार कौशल में सुधार हुआ। इसके परिणामस्वरूप, उसकी टीम भी तेजी से बढ़ने लगी और उसका नेटवर्क मार्केटिंग व्यवसाय एक नई ऊंचाई पर पहुंच गया।अमित की यह व्यक्तिगत विकास यात्रा न केवल उसके खुद के विकास के लिए महत्त्वपूर्ण थी, बल्कि उसकी टीम की सफलता में भी एक बड़ा योगदान थी। उसकी टीम के सदस्य भी उसकी मेहनत और अनुशासन से प्रेरित हुए और उन्होंने भी खुद को बेहतर बनाने की कोशिश की।

**सीख :** नेटवर्क मार्केटिंग में सफल होने के लिए आपको अपने व्यक्तिगत विकास पर ध्यान देना होगा। जब आप बेहतर बनते हैं, तो आपका व्यवसाय भी बेहतर होता है, और आपकी टीम भी आपकी सफलता के पीछे तेजी से बढ़ती है।

## निष्कर्ष

स्व-प्रेरणा और आत्म-अनुशासन नेटवर्क मार्केटिंग में आपकी सफलता की आधारशिला हैं। जब आप खुद को प्रेरित रखते हैं, आत्म-अनुशासन के साथ काम करते हैं और समय का सही प्रबंधन करते हैं, तो आप किसी भी चुनौती का सामना कर सकते हैं। व्यक्तिगत विकास के लिए समर्पित रहकर, आप न केवल खुद को बेहतर बना सकते हैं, बल्कि अपने व्यवसाय को भी नई ऊँचाइयों तक पहुँचा सकते हैं।

सफलता की इस यात्रा में, खुद पर विश्वास रखें, निरंतर सीखते रहें और अपने समय का सही उपयोग करें। यही वो सिद्धांत हैं, जो आपको एक सफल नेटवर्क मार्केटर बनने में मदद करेंगे।

**अब हम आपके सामने कुछ सवाल रख रहे हैं, जिनके जवाब आपको खुद देने होंगे। ये सवाल बेहद जरूरी हैं और आपके व्यवसाय और व्यक्तिगत विकास के लिए महत्त्वपूर्ण साबित हो सकते हैं**

**1. आत्म-अनुशासन पर ध्यान दें:**

- **सवाल:** क्या आपने अपने दैनिक कार्यों के लिए एक नियमित समय सारणी बनाई है?
- **सवाल:** आप किन तरीकों से अपने कार्यों को अनुशासित कर सकते हैं?

**2. स्व-प्रेरणा बनाए रखें:**

- **सवाल:** क्या आप अपने लक्ष्य को रोज़ याद रखते हैं और इसके लिए प्रेरणा पाते हैं?
- **सवाल:** आप अपने आप को प्रेरित रखने के लिए कौन से कदम उठा सकते हैं?

**3. समय प्रबंधन और प्राथमिकता:**

- **सवाल:** क्या आप अपने सबसे महत्त्वपूर्ण कार्यों को प्राथमिकता देते हैं?
- **सवाल:**अपने समय को बेहतर ढंग से प्रबंधित करने के लिए आप कौन से परिवर्तन कर सकते हैं?

**4. व्यक्तिगत विकास के लिए योजना बनाएं :**

- **सवाल:** क्या आप नियमित रूप से अपने व्यक्तिगत विकास पर ध्यान देते हैं **(जैसे किताबें पढ़ना, सेमिनार में भाग लेना)?**
- **सवाल:** आप अपनी स्किल्स को बेहतर बनाने के लिए कौन से नए कदम उठा सकते हैं?

## संदेश

**"सफलता की राह में सबसे बड़ा साथी आप स्वयं हैं।"**

स्व-प्रेरणा और आत्म-अनुशासन ही वो शक्ति हैं, जो आपको हर चुनौती से ऊपर उठाती हैं। जब आप खुद को प्रेरित रखते हैं, अपनी गतिविधियों को अनुशासित करते हैं, और निरंतर व्यक्तिगत विकास की ओर बढ़ते हैं, तो आपकी सफलता निश्चित होती है।

"अपने आप पर विश्वास रखें, सही दिशा में लगातार प्रयास करें, और सफलता आपके कदमों में होगी।"

# 14

# चुनौतियों का सामना करना और उनसे सीखना

नेटवर्क मार्केटिंग में सफलता का रास्ता आसान नहीं होता। इस व्यवसाय में हर दिन नई चुनौतियाँ सामने आती हैं, जैसे अस्वीकृति, बाजार की प्रतिस्पर्धा, या व्यक्तिगत समस्याएँ। लेकिन असली सफलता उन्हीं को मिलती है जो इन चुनौतियों का सकारात्मक दृष्टिकोण से सामना करते हैं। जब आप चुनौतियों को अवसर के रूप में देखते हैं और उनसे सीखते हैं, तब आप आगे बढ़ने की राह पर होते हैं। अस्वीकृति को निराशा की बजाय एक सीखने का अवसर मानें और अपने अनुभवों से खुद को बेहतर बनाएं।

जो लोग चुनौतियों को अवसर में बदलने की कला सीख लेते हैं, वही नेटवर्क मार्केटिंग में लंबी दूरी तय कर पाते हैं। यह व्यवसाय लगातार सीखने और खुद को निखारने का एक सफर है, और सफलता पाने के लिए चुनौतियों से जूझना और आगे बढ़ना जरूरी है।

इस अध्याय में हम जानेंगे कि अस्वीकृति को कैसे स्वीकारें, प्रतिस्पर्धा से कैसे निपटें, व्यक्तिगत और व्यावसायिक चुनौतियों का समाधान कैसे करें, और चुनौतियों को अवसर में बदलने की कला कैसे अपनाएँ। साथ ही, वास्तविक जीवन की कहानियों से सीखेंगे कि कैसे लोग इन सिद्धांतों का पालन कर सफल हुए।

## अस्वीकृति को कैसे स्वीकारें और उससे सीखें

नेटवर्क मार्केटिंग में सबसे बड़ी चुनौतियों में से एक है अस्वीकृति। कई बार लोग आपके प्रस्ताव को "नहीं" कह देते हैं, और यह बहुत सामान्य बात है। जब आप लोगों से अपने प्रोडक्ट्स या व्यवसाय के बारे में बात करते हैं, तो हर कोई इसे तुरंत स्वीकार नहीं

करता। लेकिन महत्त्वपूर्ण यह है कि आप इस अस्वीकृति को कैसे देखते हैं। अस्वीकृति को व्यक्तिगत तौर पर लेने की बजाय, इसे एक सीखने का अवसर मानें। हार "नहीं" आपको और बेहतर बनने का मौका देता है। इससे आप यह समझ सकते हैं कि आप कहां सुधार कर सकते हैं, या हो सकता है कि यह व्यक्ति अभी तैयार न हो।

नेटवर्क मार्केटिंग में अस्वीकृति सफलता के रास्ते का एक हिस्सा है। जो लोग इसे सकारात्मक दृष्टिकोण से लेते हैं, वही सफल होते हैं। यह अनुभव आपको मजबूत बनाता है और आगे की चुनौतियों के लिए तैयार करता है। इसलिए, अस्वीकृति को सफलता की सीढ़ी मानें, इससे घबराएं नहीं। हार "नहीं" के बाद एक "हां" आता है, और यही मानसिकता आपको नेटवर्क मार्केटिंग में सफलता की ओर ले जाएगी।

**वास्तविक जीवन की कहानी:** अनुज मल्होत्रा, जो दिल्ली के निवासी हैं, ने नेटवर्क मार्केटिंग की शुरुआत बड़े उत्साह से की। शुरुआत में वह काफी उम्मीदों से भरा हुआ था, लेकिन जल्द ही उसे अस्वीकृति का सामना करना पड़ा। लोग उसकी बातों में रुचि नहीं दिखा रहे थे, और यह अनुभव उसके लिए निराशाजनक था। हालांकि, अनुज ने हार मानने की बजाय इसे एक सीखने का अवसर बनाया। उसने सोचा कि हर "नहीं" के पीछे कुछ न कुछ कारण होता है, और उसने अपनी गलतियों पर ध्यान देना शुरू किया। उसने अपनी प्रस्तुति के तरीके में बदलाव किया और यह समझा कि लोगों की ज़रूरतों और समस्याओं को समझना कितना महत्त्वपूर्ण है। अब वह सिर्फ उत्पादों के बारे में बात करने की बजाय यह बताने लगा कि उसके प्रोडक्ट्स कैसे लोगों की समस्याओं का समाधान कर सकते हैं।

धीरे-धीरे, उसकी रणनीति काम करने लगी। उसकी अस्वीकृतियाँ कम होने लगीं और वह अधिक से अधिक लोगों को अपने साथ जोड़ने में सफल हुआ। अनुज ने यह सीखा कि अस्वीकृति केवल एक प्रक्रिया का हिस्सा है और इसे व्यक्तिगत रूप से नहीं लेना चाहिए।

**सीख :** अस्वीकृति को एक सीखने का मौका समझें, न कि हार। हर "नहीं" आपको अपनी गलतियों को सुधारने और अगले "हाँ" के करीब ले जाने का अवसर देता है। नेटवर्क मार्केटिंग में सफलता धैर्य, सीखने की क्षमता और निरंतर प्रयास से मिलती है।

## बाजार की प्रतिस्पर्धा से निपटने के तरीके

नेटवर्क मार्केटिंग में बाजार की प्रतिस्पर्धा हमेशा बनी रहती है। कई लोग आपके जैसे ही उत्पाद और सेवाएं बेचते हैं, इसलिए कई बार आपको अपने प्रोडक्ट को बेहतर साबित

करना पड़ता है। लेकिन इसका मतलब यह नहीं कि आप हार मान लें। सही रणनीतियों और सकारात्मक दृष्टिकोण के साथ, आप इस प्रतिस्पर्धा का सामना कर सकते हैं। सबसे पहले, अपने उत्पाद की खासियत और ग्राहकों की ज़रूरतों को समझें। जब आप अपने ग्राहकों को यह दिखा पाएंगे कि आपका प्रोडक्ट उनकी समस्याओं का समाधान कैसे कर सकता है, तो वे आपसे जुड़ेंगे।

साथ ही, बाजार की ट्रेंड्स और प्रतिस्पर्धियों के काम पर नजर रखें। अपनी मार्केटिंग और बिक्री के तरीकों में लगातार सुधार करते रहें। सकारात्मक सोच और सही योजना के साथ, आप किसी भी प्रतिस्पर्धा का सामना कर सकते हैं और अपने नेटवर्क मार्केटिंग व्यवसाय को सफल बना सकते हैं।

**वास्तविक जीवन की कहानी :** वैशाली खाड़े, जो मुंबई की निवासी हैं, ने जब नेटवर्क मार्केटिंग में शुरुआत की, तो उन्हें कई प्रतिस्पर्धियों का सामना करना पड़ा। उनके जैसे कई लोग उसी प्रोडक्ट की मार्केटिंग कर रहे थे, जिससे बाजार में पहचान बनाना मुश्किल लग रहा था। लेकिन वैशाली ने प्रतिस्पर्धा से घबराने की बजाय अपनी विशिष्टता पर ध्यान केंद्रित किया। उन्होंने यह समझा कि अगर उन्हें सफल होना है, तो उन्हें कुछ अलग करना होगा। वैशाली ने अपने ग्राहकों के साथ मजबूत संबंध बनाना शुरू किया और उन्हें बेहतरीन ग्राहक सेवा प्रदान की। वह हर ग्राहक की जरूरतों को समझकर उन्हें सही सलाह देतीं, जिससे ग्राहकों का विश्वास उन पर बढ़ने लगा। उनकी ईमानदारी और सेवा ने उन्हें भीड़ से अलग बना दिया। धीरे-धीरे, वैशाली के ग्राहक उन्हें वरीयता देने लगे और उनकी टीम तेजी से बढ़ने लगी। उनकी मेहनत और समर्पण ने उन्हें प्रतिस्पर्धा में आगे कर दिया।

**सीख :** प्रतिस्पर्धा से घबराने की बजाय, अपने यूएसपी (Unique Selling Proposition) पर ध्यान दें। ग्राहकों के साथ मजबूत संबंध बनाएँ और उन्हें अतिरिक्त मूल्य प्रदान करें। यही चीज आपको दूसरों से अलग और सफल बनाएगी। प्रतिस्पर्धा को अवसर के रूप में देखें और लगातार खुद को बेहतर बनाने पर काम करें।

## व्यक्तिगत और व्यावसायिक चुनौतियों का समाधान

कभी-कभी आपके परिवार या मित्र आपके नेटवर्क मार्केटिंग व्यवसाय को गंभीरता से नहीं लेते, जिससे निराशा हो सकती है। यह स्वाभाविक है, लेकिन आपको आत्मविश्वास

बनाए रखना चाहिए और अपने लक्ष्यों पर ध्यान केंद्रित करना चाहिए। अस्वीकृति को सीखने का मौका मानें, क्योंकि यह आपको और भी मजबूत बनाता है।

समय प्रबंधन भी एक बड़ी चुनौती है। आपको अपने व्यक्तिगत और व्यवसायिक जीवन के बीच सही संतुलन बनाना होगा। इसके लिए जरूरी है कि आप अपने कार्यों की प्राथमिकता तय करें और समय को सही से बाँटें।

इसके अलावा, एक नई टीम बनाना और उसे प्रेरित रखना भी चुनौतीपूर्ण हो सकता है। टीम के साथ निरंतर संवाद और प्रेरणा देना जरूरी है।

ग्राहकों को संतुष्ट रखने के लिए ईमानदारी और सही जानकारी देना आवश्यक है। इन सभी चुनौतियों का धैर्य और सही योजना के साथ सामना करके आप अपने व्यवसाय को सफल बना सकते हैं।

वास्तविक जीवन की कहानी:दीपक बत्रा, जो बनारस के निवासी हैं, ने जब नेटवर्क मार्केटिंग की शुरुआत की, तो उसके परिवार और दोस्तों ने उसकी इस नई दिशा का मजाक उड़ाया। उन्हें लगा कि यह व्यवसाय स्थायी नहीं है और दीपक सफल नहीं हो पाएगा। इससे दीपक थोड़ी देर के लिए निराश हुआ, लेकिन उसने हार मानने की बजाय अपनी योजना पर ध्यान केंद्रित किया।

दीपक ने अपनी समय प्रबंधन क्षमता को बेहतर किया और एक ऐसी रणनीति बनाई, जिससे वह अपने परिवार और व्यवसाय दोनों को संतुलित कर सका। उसने नियमित रूप से अपने काम को व्यवस्थित किया और कठिन मेहनत से अपने व्यवसाय को बढ़ाने पर ध्यान दिया। धीरे-धीरे, उसकी मेहनत रंग लाने लगी, और वह सफल होने लगा।

जब दीपक की सफलता बढ़ने लगी, तो उसके परिवार और दोस्तों का नजरिया भी बदल गया। जो लोग पहले उसका मजाक उड़ाते थे, वे अब उसकी तारीफ करने लगे और उसे पूरी तरह से समर्थन देने लगे।

**सीख:** व्यक्तिगत और व्यावसायिक चुनौतियों का सामना करते समय धैर्य और समय प्रबंधन बहुत महत्त्वपूर्ण होते हैं। अपनी योजनाओं पर टिके रहें और लोगों की नकारात्मक प्रतिक्रिया को निराशा का कारण न बनाएं। इसके बजाय, इसे अपनी प्रेरणा बनाएं और सफलता की ओर बढ़ते रहें।

## चुनौतियों को अवसर में बदलने की कला

चुनौतियों को अवसर में बदलने की कला का मतलब है कठिनाइयों और अस्वीकृति

को सीखने और सुधारने का अवसर मानना। जब कोई अस्वीकृति मिलती है, तो इसे नकारात्मक नहीं, बल्कि सकारात्मक रूप से लें और देखें कि किस क्षेत्र में सुधार की जरूरत है। यह मानसिकता हमें हर मुश्किल स्थिति में कुछ नया सीखने और आगे बढ़ने का मौका देती है। आत्मविश्वास, धैर्य और सकारात्मक दृष्टिकोण से काम करते रहें, ताकि आप छोटी-छोटी सफलताओं का आनंद ले सकें और अपने बड़े लक्ष्यों की ओर बढ़ते रहें। असफलता को अस्थायी मानकर, उसमें छिपे अवसरों को खोजें। इस तरह, हर चुनौती आपके विकास का हिस्सा बन जाएगी और सफलता की ओर ले जाएगी।

वास्तविक जीवन की कहानी:मेघा पाटकर, जो नासिक की निवासी हैं, को नेटवर्क मार्केटिंग के दौरान एक बड़ा झटका तब लगा जब उनके कुछ महत्त्वपूर्ण टीम मेंबर अलग हो गए। यह उनके लिए एक बड़ी चुनौती थी, क्योंकि उनकी टीम की ताकत अचानक कम हो गई थी और उनका व्यवसाय प्रभावित हो रहा था। लेकिन मेघा ने हार मानने की बजाय इस मुश्किल को एक नए अवसर के रूप में देखा।

उन्होंने नई टीम मेंबरों की भर्ती पर ध्यान केंद्रित किया और इस दौरान अपने लीडरशिप गुणों को और भी निखारा। उन्होंने नई टीम के साथ बेहतर तरीके से काम किया, उन्हें प्रशिक्षित किया और उन्हें प्रेरित किया। इस पूरी प्रक्रिया में, न केवल उन्होंने एक नई टीम बनाई, बल्कि अपनी नेतृत्व क्षमता को भी मजबूत किया। कुछ महीनों बाद, मेघा की नई टीम पहले से भी अधिक मजबूत हो गई और उनका व्यवसाय तेजी से बढ़ने लगा।

**सीख :** चुनौतियों को अवसर के रूप में देखें। हर मुश्किल घड़ी आपको और भी मजबूत बनाती है। यही सकारात्मक दृष्टिकोण आपको सफलता की राह पर ले जाता है।

## निष्कर्ष

चुनौतियाँ नेटवर्क मार्केटिंग का एक अभिन्न हिस्सा हैं, लेकिन सफलता उन्हीं को मिलती है जो इन चुनौतियों का सही दृष्टिकोण से सामना करते हैं और उनसे सीखते हैं। अस्वीकृति से निपटना, प्रतिस्पर्धा को सकारात्मक रूप से लेना, व्यक्तिगत और व्यावसायिक कठिनाइयों का समाधान ढूँढना, और चुनौतियों को अवसर में बदलने की कला—ये सभी बातें आपको एक सफल नेटवर्क मार्केटर बनने में मदद करेंगी।

याद रखें, चुनौतियाँ आपकी सफलता की दिशा में मार्गदर्शन करती हैं। जब आप इनका सामना करते हैं, तो आप सिर्फ एक कदम नहीं बढ़ाते, बल्कि सफलता के सफर में एक मील का पत्थर पार करते हैं।

**अब हम आपके सामने कुछ सवाल रख रहे हैं, जिनके जवाब आपको खुद देने होंगे। ये सवाल बेहद जरूरी हैं और आपके व्यवसाय और व्यक्तिगत विकास के लिए महत्त्वपूर्ण साबित हो सकते हैं:**

1. **अस्वीकृति को स्वीकारें और सीखें:**
   - **सवाल:** क्या आप हर अस्वीकृति से कुछ सीख रहे हैं?
   - **सवाल:** अगली बार जब आपको "नहीं" सुनने को मिले, तो आप किस रणनीति का उपयोग करेंगे?
2. **प्रतिस्पर्धा से निपटें :**
   - **सवाल:** क्या आपने अपने व्यवसाय में एक अनूठा मूल्य जोड़ा है, जिससे आप प्रतिस्पर्धा से अलग खड़े हो सकते हैं?
   - **सवाल :** आप अपने ग्राहकों को कौन-सा अतिरिक्त लाभ प्रदान कर सकते हैं?
3. **व्यक्तिगत और व्यावसायिक चुनौतियों का समाधान :**
   - **सवाल:** क्या आपने समय प्रबंधन की कोई योजना बनाई है ताकि व्यक्तिगत और व्यवसायिक जिम्मेदारियों के बीच संतुलन बना सकें?
   - **सवाल:** अपने परिवार और दोस्तों से कैसे सकारात्मक समर्थन प्राप्त कर सकते हैं?
4. **चुनौतियों को अवसर में बदलें:**
   - **सवाल:** आप अपनी हाल की चुनौती को अवसर में कैसे बदल सकते हैं?
   - **सवाल:** अगली बार जब आपको कठिनाई का सामना हो, तो आप इसे सकारात्मक दृष्टिकोण से कैसे देखेंगे?

## संदेश

**"चुनौतियाँ हमें मजबूत बनाती हैं, और अस्वीकृति ही सफलता का पहला कदम है।"**

नेटवर्क मार्केटिंग में सफलता का रास्ता कठिन हो सकता है, लेकिन जो लोग चुनौतियों का सामना सकारात्मक दृष्टिकोण से करते हैं, वे ही सही मायने में सफल होते हैं।"हर चुनौती को एक नए अवसर के रूप में देखें और उसे पार करते हुए अपनी सफलता की कहानी लिखें।"

# 15

# लीडरशिप और प्रेरणा

नेटवर्क मार्केटिंग में लीडरशिप और प्रेरणा दो ऐसे गुण हैं जो आपको सफलता की ऊँचाइयों तक पहुँचाते हैं। एक प्रभावी लीडर बनने के लिए जरूरी है कि आप न केवल अपनी टीम का मार्गदर्शन करें, बल्कि उन्हें प्रेरित और समर्थित भी रखें। नेटवर्क मार्केटिंग में लीडरशिप का मतलब केवल आदेश देना नहीं है, बल्कि दूसरों को प्रेरित करना, उनका समर्थन करना और उनके साथ मिलकर काम करना है। इस अध्याय में हम जानेंगे कि एक प्रभावी लीडर कैसे बनें, लीडरशिप गुणों का विकास कैसे करें और अपनी टीम को कैसे प्रेरित और समर्थित रखें। साथ ही, वास्तविक जीवन की कहानियाँ भी साझा करेंगे, जो बताएंगी कि कैसे लोग इन विचारों का उपयोग कर सफल हुए।

## नेटवर्क मार्केटिंग में एक प्रभावी लीडर कैसे बनें

एक अच्छे लीडर की पहचान उसकी ईमानदारी, निर्णय लेने की क्षमता और टीम के प्रति समर्पण से होती है। वह अपनी टीम के सदस्यों की बात सुनता है, उनकी समस्याओं को समझता है और उन्हें सही दिशा में मार्गदर्शन देता है। एक अच्छा लीडर अपनी टीम को प्रेरित करता है और उनके विकास में सहयोग करता है। टीम को एकजुट रखने के लिए विश्वास, सहयोग और संवाद की भावना बनाए रखना जरूरी है। जब टीम के सदस्य एक-दूसरे पर भरोसा करते हैं और मिलकर काम करते हैं, तो वे बेहतर परिणाम देते हैं। एक मजबूत नेतृत्व टीम को सही दिशा में आगे बढ़ाता है।

नेटवर्क मार्केटिंग में एक प्रभावी लीडर बनने का मतलब है कि आप अपनी टीम का मार्ग दर्शन कर सकें और उन्हें अपने साथ सफलता की ओर ले जा सकें। प्रभावी लीडर वही होता है जो अपने टीम मेंबर्स की ज़रूरतों को समझता है, उन्हें प्रेरित करता है और उनकी समस्याओं को सुलझाने में उनकी मदद करता है।

**वास्तविक जीवन की कहानी:** राजेश एक नेटवर्क मार्केटिंग कंपनी में काम कर रहे थे, लेकिन उनकी टीम में कोई खास प्रगति नहीं हो रही थी। राजेश ने महसूस किया कि केवल अपनी टीम को लक्ष्य देने से काम नहीं चलेगा, उन्हें प्रेरित और समर्थन की भी जरूरत है। उन्होंने अपनी टीम के हर सदस्य से व्यक्तिगत रूप से बात की, उनकी समस्याओं को समझा, और उनके विकास के लिए मार्गदर्शन दिया। धीरे-धीरे उनकी टीम की परफॉर्मेंस में सुधार आने लगा और उनकी टीम ने सफलता के नए आयाम छुए।

**सीख:** एक प्रभावी लीडर वही होता है जो अपनी टीम के सदस्यों के साथ मिलकर काम करे, उनकी समस्याओं को सुने, और उन्हें समर्थन और प्रेरणा प्रदान करे। जब आप अपनी टीम को साथ लेकर चलते हैं, तो सफलता दूर नहीं रहती।

## टीम के भीतर लीडरशिप गुणों का विकास

एक सशक्त टीम बनाने के लिए जरूरी है कि आप अपने टीम मेंबर्स में भीलीडरशिप के गुणविकसित करें। जब आपकी टीम के सदस्य भी लीडरशिप की जिम्मेदारी उठाने लगते हैं, तो आपकी टीम तेजी से बढ़ने लगती है और सफलता की ओर अग्रसर होती है।

**वास्तविक जीवन की कहानी:** मंजू शर्मा, जो भुवनेश्वर की निवासी हैं, एक नेटवर्क मार्केटिंग टीम की लीडर थीं, लेकिन उनकी टीम की परफॉर्मेंस उनकी उम्मीदों पर खरी नहीं उतर रही थी। मंजू ने गहराई से विश्लेषण किया और पाया कि टीम में लीडरशिप गुणों की कमी थी। टीम के सदस्य निर्णय लेने में हिचकिचाते थे और समस्याओं का समाधान निकालने में असमर्थ थे। मंजू ने स्थिति को बदलने का निर्णय लिया और अपनी टीम को लीडरशिप गुण सिखाने पर ध्यान केंद्रित किया। उन्होंने टीम मेंबर्स को सिखाया कि कैसे सही निर्णय लिए जाएं, समस्याओं का हल कैसे निकाला जाए, और कैसे वे खुद अपनी छोटी-छोटी टीमों का नेतृत्व कर सकते हैं। इसके साथ ही, मंजू ने अपने टीम मेंबर्स को स्वतंत्र रूप से काम करने और जिम्मेदारियाँ उठाने के लिए प्रोत्साहित किया। धीरे-धीरे, टीम के सदस्य खुद छोटे-छोटे लीडरशिप के कार्य करने लगे। वे निर्णय लेने में अधिक

सक्षम हो गए और मंजू की जिम्मेदारियाँ भी कम होने लगीं। इससे न केवल उनकी टीम का आत्मविश्वास बढ़ा, बल्कि उनकी परफॉर्मेंस में भी बड़ा सुधार हुआ। टीम ने शानदार परिणाम दिखाए और मंजू का व्यवसाय तेजी से बढ़ने लगा।

**सीख:** टीम के भीतर लीडरशिप के गुण विकसित करना बेहद जरूरी है। जब आपकी टीम के सदस्य खुद जिम्मेदारी लेना शुरू करते हैं, तो आपकी टीम और अधिक प्रभावी ढंग से काम करती है, और तेजी से सफलता की ओर बढ़ती है।

## टीम के सदस्यों को प्रेरित और समर्थित करना

टीम के भीतर संघर्ष प्रबंधन करना एक महत्त्वपूर्ण कौशल है ताकि व्यवसाय पर कोई बुरा असर न पड़े। सबसे पहले, एक अच्छे लीडर को यह समझना चाहिए कि समस्या का असली कारण क्या है। इसके बाद, सभी पक्षों की बात ध्यान से और शांति से सुननी चाहिए। निर्णय लेते समय निष्पक्षता बनाए रखना आवश्यक है, ताकि कोई भी सदस्य पक्षपाती महसूस न करे। सभी टीम के सदस्यों के बीच आपसी सम्मान और सहयोग की भावना विकसित करना बहुत जरूरी है, जिससे रिश्ते मजबूत होते हैं। नियमित बैठकें और खुला संवाद भी मददगार होते हैं, क्योंकि इससे गलतफहमियाँ जल्दी दूर हो जाती हैं। जब लीडर समझदारी और धैर्य से काम लेते हैं, तो टीम में सकारात्मक माहौल बनता है और सभी मिलकर काम करते हैं। इस तरह, टीम मजबूत और व्यवसाय सफल होता है।

टीम को प्रेरित और समर्थित रखना एक सफललीडर की पहचान होती है। एक प्रेरित टीम कठिन से कठिन लक्ष्य भी प्राप्त कर सकती है। इसलिए जरूरी है कि आप अपनी टीम को हमेशा प्रेरित रखें और जब उन्हें आपकी ज़रूरत हो, तो उन्हें समर्थन प्रदान करें।

**वास्तविक जीवन की कहानी:** नितिन कपूर, जो अमृतसर, पंजाब के निवासी हैं, ने अपनी नेटवर्क मार्केटिंग टीम के साथ शुरुआत में अच्छा प्रदर्शन किया। लेकिन कुछ समय बाद उनकी टीम के सदस्य निराश और असमंजस में दिखाई देने लगे। नितिन ने महसूस किया कि उनकी टीम को फिर से प्रेरित करने की जरूरत है ताकि वे पहले जैसी ऊर्जा और उत्साह से काम कर सकें।नितिन ने अपनी टीम के साथ नियमित मीटिंग्स शुरू कीं, जहाँ वे टीम के सदस्यों की प्रगति पर चर्चा करते और उनकी समस्याओं का हल निकालने में मदद करते। इन मीटिंग्स के दौरान वे टीम के सदस्यों को प्रेरित करने के लिए छोटी-छोटी सफलताओं का जश्न भी मनाते थे। चाहे वह कोई छोटा लक्ष्य हासिल करना

हो या किसी चुनौती का सामना करना, नितिन और उनकी टीम मिलकर उसे उत्साहपूर्वक स्वीकार करते।नितिन की इस रणनीति से उनकी टीम फिर से उत्साहित हो गई और सभी सदस्य पहले से भी अधिक जोश के साथ काम करने लगे। उनके इस समर्थन और प्रेरणा ने न केवल टीम का आत्मविश्वास बढ़ाया, बल्कि उनके प्रदर्शन में भी बड़ा सुधार आया।

**सीख :** एक प्रेरित और समर्थित टीम हमेशा बेहतर परिणाम देती है। अपनी टीम को प्रेरित रखने के लिए, उनकी छोटी-छोटी उपलब्धियों का जश्न मनाएँ और उनके साथ नियमित रूप से संवाद बनाए रखें। इससे टीम में सकारात्मक ऊर्जा बनी रहती है, और सफलता की राह पर आगे बढ़ना आसान हो जाता है।

## लीडरशिप के लिए आवश्यक कौशल और गुण

एक प्रभावी लीडर बनने के लिए कई महत्त्वपूर्ण गुणों का विकास करना जरूरी है। सबसे पहले, सुनने की क्षमता विकसित करनी चाहिए, ताकि आप अपनी टीम की ज़रूरतों और चिंताओं को समझ सकें। संचार कौशल भी बहुत महत्त्वपूर्ण है, जिससे आप अपने विचार स्पष्ट रूप से व्यक्त कर सकें और टीम को प्रेरित कर सकें।

निर्णय लेने की क्षमता एक और आवश्यक गुण है; एक लीडर को सही समय पर सही फैसले लेने आने चाहिए। समस्या-समाधान की योग्यता भी होनी चाहिए, ताकि टीम की चुनौतियों का सामना करने में वह मदद कर सके।

इसके अलावा, एक लीडर को धैर्य और समर्पण के साथ अपनी टीम का मार्गदर्शन करना आना चाहिए। उसे टीम में सहयोग और विश्वास का माहौल बनाना चाहिए, ताकि सभी सदस्य एकजुट होकर काम कर सकें। जब एक लीडर इन गुणों का विकास करता है, तो वह न केवल खुद सफल होता है, बल्कि अपनी टीम को भी सफलता की ओर ले जाता है।

नेटवर्क मार्केटिंग में एक प्रभावी लीडर बनने के लिए कुछ महत्त्वपूर्ण कौशल और गुणों की आवश्यकता होती है। इनमें सबसे प्रमुख हैं: सुनने की क्षमता, समस्या-समाधान की क्षमता, धैर्य, और लीडरशिप की जिम्मेदारी को समझना। एक सफल लीडर वही होता है, जो इन गुणों को विकसित करता है और अपनी टीम के विकास के लिए उनका सही उपयोग करता है।

**वास्तविक जीवन की कहानी:** राकेश कुमार, जो पटना, बिहार के निवासी हैं, ने

नेटवर्क मार्केटिंग की शुरुआत में काफी अच्छा प्रदर्शन किया। लेकिन जैसे-जैसे उनकी टीम बड़ी होने लगी, उन्होंने महसूस किया कि सिर्फ उत्पाद बेचना ही पर्याप्त नहीं है। उन्हें अपनी टीम के लिए एक सच्चे लीडर की भूमिका निभानी होगी।

राकेश ने लीडरशिप के लिए सबसे पहले सुनने की क्षमता विकसित की। वे हर सदस्य की समस्याओं को ध्यान से सुनने लगे और उनकी बातों को समझने का प्रयास करने लगे। इसके साथ ही, वे समस्याओं का समाधान ढूंढ़ने में भी माहिर हो गए। वे धैर्यपूर्वक अपनी टीम को दिशा दिखाने और उन्हें सही निर्णय लेने में मदद करने लगे।

राकेश के इस धैर्य और मार्गदर्शन ने उनकी टीम को मजबूत बनाया, और आज वे एक सफल नेटवर्क मार्केटिंग लीडर के रूप में पहचाने जाते हैं। उनकी टीम का हर सदस्य उनके समर्थन और नेतृत्व की सराहना करता है।

**सीख:** लीडरशिप के लिए धैर्य, समस्या-समाधान और सुनने की क्षमता बेहद महत्त्वपूर्ण हैं। जब आप इन कौशलों को अपनाते हैं, तो आप न केवल अपनी टीम का विकास करते हैं, बल्कि खुद भी एक बेहतर लीडर बन जाते हैं।

## निष्कर्ष

नेटवर्क मार्केटिंग में सफलता के लिए लीडरशिप और प्रेरणा का सही संतुलन बेहद जरूरी है। एक प्रभावी लीडर बनने के लिए आपको न केवल अपने टीम मेंबर्स को प्रेरित करना होगा, बल्कि उन्हें सही मार्गदर्शन भी देना होगा। लीडरशिप के गुणों का विकास, टीम को प्रेरित रखना, और आवश्यक कौशलों को अपनाकर आप अपनी टीम के साथ एक सफल और सशक्त व्यवसाय खड़ा कर सकते हैं।

याद रखें, एक अच्छा लीडर वही होता है जो अपने टीम मेंबर्स को साथ लेकर चलता है, उन्हें प्रेरित करता है और उनके साथ मिलकर चुनौतियों का सामना करता है। जब आप एक सच्चे लीडर बन जाते हैं, तो आपकी टीम और आपका व्यवसाय दोनों ही सफलता की ऊँचाइयों को छूते हैं।

अब हम आपके सामने कुछ सवाल रख रहे हैं, जिनके जवाब आपको खुद देने होंगे। ये सवाल बेहद जरूरी हैं और आपके व्यवसाय और व्यक्तिगत विकास के लिए महत्त्वपूर्ण साबित हो सकते हैं:

**1. लीडरशिप विकास :**

- **सवाल:** क्या आप अपनी टीम के सदस्यों की समस्याओं को ध्यान से सुनते हैं?
- **सवाल:** क्या आपने टीम के प्रत्येक सदस्य के विकास के लिए कोई व्यक्तिगत योजना बनाई है?

**2. प्रेरणा बनाए रखना:**

- **सवाल:** आप अपनी टीम के सदस्यों को नियमित रूप से कैसे प्रेरित करते हैं? सवाल:क्या आप टीम की उपलब्धियों का जश्न मनाते हैं और उन्हें प्रोत्साहित करते हैं?

**3. टीम में लीडरशिप गुणों का विकास:**

- **सवाल:** क्या आप अपनी टीम के सदस्यों को लीडरशिप करने के अवसर देते हैं?
- **सवाल:** क्या आपने उन्हें छोटे-छोटे लीडरशिप कार्य सौंपे हैं ताकि वे भी जिम्मेदारी उठा सकें?

**4. लीडरशिप कौशल में सुधार:**

- **सवाल:** क्या आप सुनने की क्षमता और समस्या-समाधान के कौशल को विकसित कर रहे हैं?
- **सवाल:** क्या आप अपनी टीम की चुनौतियों का समाधान शांतिपूर्वक ढूँढ़ते हैं?

## संदेश

**"सच्चे लीडर वह होते हैं जो न केवल अपने लिए बल्कि अपनी पूरी टीम के लिए सफलता का रास्ता बनाते हैं।"**

आपकी टीम आपकी सबसे बड़ी शक्ति है, और एक प्रभावी लीडर के रूप में, आपका कर्तव्य है कि आप उन्हें प्रेरित, समर्थित और सही दिशा में मार्गदर्शन करें।"जब आप खुद एक सच्चे लीडर बनते हैं, तो आपकी टीम और आपका व्यवसाय दोनों ही तेजी से सफलता की ऊँचाइयों को छूने लगते हैं।"

# 16

# नेटवर्क मार्केटिंग में नैतिकता और ईमानदारी

नेटवर्क मार्केटिंग में नैतिकता और ईमानदारी का बहुत महत्त्वपूर्ण स्थान है। जब आप ईमानदारी और नैतिकता के साथ काम करते हैं, तो न केवल आप अपने व्यवसाय में विश्वास का निर्माण करते हैं, बल्कि दीर्घकालिक सफलता की ओर भी बढ़ते हैं। नैतिक व्यापारिक प्रथाओं से न केवल आपका सम्मान बढ़ता है, बल्कि यह ग्राहकों और टीम मेंबर्स के साथ मजबूत संबंध बनाने में भी मदद करता है।

इस अध्याय में हम जानेंगे कि नेटवर्क मार्केटिंग में नैतिकता का क्या महत्त्व है, कैसे ईमानदारी के साथ व्यवसाय का निर्माण किया जाए और दीर्घकालिक सफलता के लिए नैतिकता का पालन क्यों आवश्यक है। इसके साथ ही, हम कुछ वास्तविक जीवन की कहानियों पर भी चर्चा करेंगे जो यह दिखाएंगी कि कैसे लोग नैतिकता का पालन करके सफल हुए।

## नैतिक व्यापारिक प्रथाओं का महत्त्व

नेटवर्क मार्केटिंग में सही और नैतिक व्यापारिक प्रथाओं का पालन करना बेहद जरूरी है। जब आप अपने ग्राहकों और टीम मेंबर्स के साथ ईमानदारी से काम करते हैं, तो वे आप पर भरोसा करते हैं और लंबे समय तक आपके साथ जुड़े रहते हैं। नैतिक व्यापारिक प्रथाओं का मतलब है कि आप हमेशा सटीक और सही जानकारी दें, किसी को भ्रमित न

करें, और किसी भी स्थिति में ईमानदारी का साथ न छोड़ें।

इससे न केवल आपकी छवि मजबूत होती है, बल्कि आपके व्यवसाय में भी स्थिरता आती है। लोग ऐसे व्यक्ति के साथ काम करना पसंद करते हैं जिस पर वे विश्वास कर सकें। इसलिए, अगर आप नैतिकता को अपने व्यवसाय का हिस्सा बनाए रखते हैं, तो आपकी नेटवर्क मार्केटिंग की सफलता सुनिश्चित होती है। सही रास्ते पर चलने से आप अपने ग्राहकों और टीम मेंबर्स का विश्वास जीतते हैं, जो आपकी सफलता की नींव है।

**वास्तविक जीवन की कहानी:** सुरेश तिवारी, जो पटना, बिहार के निवासी हैं, ने नेटवर्क मार्केटिंग की शुरुआत की। उन्हें अपने उत्पादों की गहरी जानकारी थी, लेकिन उन्होंने कभी भी जल्दी बिक्री के लिए उत्पाद की खूबियों को बढ़ा-चढ़ाकर पेश नहीं किया। जबकि कई लोग तेजी से सफलता पाने के लिए ऐसा करते हैं, सुरेश ने हमेशा अपने ग्राहकों को सच्ची और सटीक जानकारी दी। उन्होंने अपने ग्राहकों को उत्पाद की वही विशेषताएं बताईं, जो वास्तव में सही थीं।सुरेश की यह ईमानदारी धीरे-धीरे उनके ग्राहकों के बीच विश्वास का आधार बन गई। उनके ग्राहकों को विश्वास हो गया कि सुरेश उन्हें कभी गलत जानकारी नहीं देंगे। इसके कारण, जब भी कोई नया उत्पाद आता, उनके ग्राहक सबसे पहले सुरेश से संपर्क करते। यह पारदर्शिता और ईमानदारी उनके व्यवसाय की सफलता की कुंजी बन गई।आज, सुरेश का नेटवर्क मार्केटिंग व्यवसाय तेजी से बढ़ रहा है, और उनके ग्राहक उनके प्रति वफादार हैं। उनकी ईमानदारी और नैतिकता ने उन्हें दीर्घकालिक सफलता दिलाई है।

**सीख:** ईमानदारी और नैतिकता के साथ काम करने से आप एक स्थायी और वफादार ग्राहक आधार बना सकते हैं। भले ही गलत तरीके से काम करके तात्कालिक सफलता मिल सकती है, लेकिन दीर्घकालिक सफलता के लिए नैतिकता और पारदर्शिता का पालन बेहद जरूरी है। यही आपके व्यवसाय को लंबे समय तक स्थिरता और सफलता दिलाएगा।

## ग्राहकों और टीम मेंबर्स के साथ विश्वास कैसे बनाए रखें

ग्राहकों और टीम मेंबर्स के साथ विश्वास बनाए रखना किसी भी व्यवसाय की नींव होती है, और नेटवर्क मार्केटिंग में यह और भी अधिक महत्त्वपूर्ण है। जब आपके ग्राहक और टीम के सदस्य आप पर भरोसा करते हैं, तो वे न केवल आपके उत्पादों को बार-बार

खरीदते हैं, बल्कि आपके साथ लंबे समय तक जुड़े रहते हैं। विश्वास का मतलब है कि आप ईमानदारी और पारदर्शिता से काम करें, सही जानकारी दें, और हमेशा अपने वादों को पूरा करें।जब आप अपने ग्राहकों और टीम मेंबर्स के साथ एक मजबूत और विश्वसनीय संबंध बनाते हैं, तो वे आपकी टीम और आपके व्यवसाय के लिए मजबूती का स्तंभ बन जाते हैं। यह विश्वास आपके व्यवसाय की वृद्धि में मदद करता है, क्योंकि लोग उन व्यक्तियों के साथ काम करना पसंद करते हैं, जिन पर वे भरोसा कर सकते हैं। इसलिए, नेटवर्क मार्केटिंग में दीर्घकालिक सफलता के लिए जरूरी है कि आप अपने ग्राहकों और टीम मेंबर्स के साथ एक ऐसा संबंध बनाएं, जो भरोसेमंद और मजबूत हो। विश्वास ही आपके व्यवसाय को स्थिरता और निरंतरता प्रदान करेगा।

**वास्तविक जीवन की कहानी:** मनीष पंडित, जो कानपुर, उत्तर प्रदेश के निवासी हैं, ने अपनी नेटवर्क मार्केटिंग टीम के साथ हमेशा खुलकर और ईमानदारी से बात की। जब भी किसी टीम सदस्य को कोई समस्या होती, मनीष तुरंत उनकी मदद के लिए तैयार रहते। वह कभी भी कोई जानकारी छुपाते नहीं थे और अगर उनसे कोई गलती हो जाती, तो उसे स्वीकार करने में संकोच नहीं करते थे। मनीष की यह ईमानदारी और पारदर्शिता उनकी टीम के साथ गहरे विश्वास का आधार बनी। उनकी टीम के सभी सदस्य उन पर पूरी तरह से भरोसा करते थे और हर मुश्किल घड़ी में मनीष के साथ मिलकर काम करते थे। यह विश्वास और सहयोग ही उनकी टीम की सफलता का मूल कारण बना।

**सीख:** विश्वास का निर्माण धीरे-धीरे होता है, लेकिन इसे बनाए रखना बेहद महत्त्वपूर्ण है। ईमानदारी और पारदर्शिता से काम करने से आपकी टीम और आपके ग्राहक आप पर भरोसा करेंगे। यह भरोसा आपके व्यवसाय में दीर्घकालिक संबंध और स्थिरता लाएगा, जिससे आपकी टीम और व्यवसाय दोनों तेजी से बढ़ेंगे।

## सही तरीके से व्यवसाय का निर्माण

नेटवर्क मार्केटिंग में व्यवसाय को सही तरीके से निर्माण करना बहुत महत्त्वपूर्ण है। इसका मतलब है कि आप अपने उत्पादों और अवसरों को बिना किसी धोखे या भ्रामक वादों के पेश करें। कई बार लोग जल्दी पैसा कमाने के लालच में गलत तरीकों का सहारा लेते हैं, लेकिन ऐसे रास्ते लंबे समय तक नहीं टिकते और अंततः नुकसान ही होता है।

अगर आप ईमानदारी से अपने प्रोडक्ट्स की वास्तविक खूबियों और अवसरों को लोगों के सामने रखते हैं, तो लोग आप पर भरोसा करते हैं। यह विश्वास ही आपके व्यवसाय

की दीर्घकालिक सफलता का आधार बनता है। सही तरीका अपनाकर आप न केवल एक मजबूत व्यवसाय खड़ा करते हैं, बल्कि एक स्थायी और विश्वसनीय नेटवर्क भी बनाते हैं। याद रखें,दीर्घकालिक सफलता के लिए ईमानदारी और पारदर्शिता सबसे जरूरी हैं। यही आपको लंबे समय तक सफलता की ओर ले जाएगी।

**वास्तविक जीवन की कहानी:** नितिन शर्मा ने जब नेटवर्क मार्केटिंग में कदम रखा, तो उन्होंने देखा कि कई लीडर्स तेजी से पैसा कमाने के लिए ग्राहकों से झूठे वादे करते थे। यह देखकर नितिन को समझ आया कि ऐसा करना सही नहीं है। इसलिए, उन्होंने अपने व्यवसाय को नैतिकता और ईमानदारी के साथ खड़ा करने का फैसला किया। नितिन ने कभी किसी को गलत उम्मीद नहीं दी और हमेशा अपने उत्पादों और व्यवसाय के बारे में सही और सटीक जानकारी दी।

उनकी इस ईमानदारी और पारदर्शिता के कारण, उनकी टीम और ग्राहक आधार धीरे-धीरे बहुत स्थिर और मजबूत हो गए। ग्राहक नितिन पर भरोसा करने लगे और उनकी टीम के सदस्य भी उनके साथ पूरी निष्ठा से काम करने लगे। नतीजा यह हुआ कि नितिन का व्यवसाय तेजी से बढ़ने लगा, और आज वह अपने क्षेत्र में एक भरोसेमंद नाम बन चुके हैं।

**सीख:** सही और नैतिक तरीके से व्यवसाय का निर्माण करने से आपकी साख और प्रतिष्ठा बढ़ती है। गलत रास्ते अपनाने से तात्कालिक लाभ मिल सकता है, लेकिन यह दीर्घकालिक नुकसान का कारण बनता है। नैतिकता और ईमानदारी से काम करने से आपका व्यवसाय न केवल स्थिर होता है, बल्कि सफलता भी लंबे समय तक बनी रहती है।

## दीर्घकालिक सफलता के लिए नैतिकता का महत्त्व

दीर्घकालिक सफलता के लिए नैतिकता का पालन करना बेहद महत्त्वपूर्ण है। जब आप ईमानदारी और नैतिकता से काम करते हैं, तो आपके व्यवसाय में स्थिरता आती है और लोग आप पर भरोसा करने लगते हैं। यह भरोसा आपके व्यवसाय को मजबूत बनाता है और आपको एक विश्वसनीय लीडर के रूप में स्थापित करता है।नैतिकता केवल आपको व्यक्तिगत संतोष ही नहीं देती, बल्कि यह आपके व्यवसाय की नींव को भी मजबूत करती है। जब आप अपने ग्राहकों और टीम मेंबर्स के साथ ईमानदारी से व्यवहार करते हैं, तो वे लंबे समय तक आपके साथ जुड़े रहते हैं।

इससे आपका व्यवसाय न केवल आगे बढ़ता है, बल्कि एक स्थायी सफलता की

ओर भी जाता है। गलत तरीकों से तात्कालिक लाभ मिल सकता है, लेकिन नैतिकता से काम करने से आप एक सशक्त और सफल व्यवसायी बनते हैं, जिसकी सफलता लंबे समय तक बनी रहती है।

**वास्तविक जीवन की कहानी:** अनिल आचार्या, जो कटक, ओडिशा के निवासी हैं, ने नेटवर्क मार्केटिंग में अपने करियर की शुरुआत की और जल्द ही कुछ सफलता हासिल की। हालांकि, उन्होंने देखा कि कुछ लोग अपनी टीम को आकर्षित करने के लिए गलत वादों का सहारा ले रहे थे। इसके बावजूद, अनिल ने हमेशा सही और नैतिक रास्ते को चुना। उन्होंने कभी किसी को झूठी उम्मीद नहीं दी और अपने व्यवसाय को ईमानदारी से आगे बढ़ाया।धीरे-धीरे, उनके इस नैतिक दृष्टिकोण का परिणाम दिखने लगा। अनिल का व्यवसाय दीर्घकालिक रूप से मजबूत होता गया और उनकी टीम मेंबर्स ने उन पर पूरी तरह से विश्वास करना शुरू कर दिया। उनके साथ काम करने वाले लोगों को यकीन था कि अनिल हमेशा सही जानकारी देंगे और किसी भी स्थिति में ईमानदारी से काम करेंगे। आज, अनिल एक सफल नेटवर्क मार्केटिंग लीडर हैं, जिनकी टीम लगातार उनके साथ काम करती है और सफल होती है।

**सीख:** नैतिकता और ईमानदारी के साथ काम करना दीर्घकालिक सफलता की कुंजी है। लोग उन पर भरोसा करते हैं, जो सच्चाई और ईमानदारी के साथ काम करते हैं। अगर आप नैतिकता के रास्ते पर चलते हैं, तो आपका व्यवसाय स्थिर और सफल रहेगा, और लोग आपके साथ लंबे समय तक जुड़ेंगे।

## निष्कर्ष

नेटवर्क मार्केटिंग में नैतिकता और ईमानदारी से काम करना आपको एक मजबूत और स्थिर व्यवसाय की ओर ले जाता है। नैतिक व्यापारिक प्रथाओं का पालन करने से आपके ग्राहकों और टीम मेंबर्स का आप पर विश्वास बढ़ता है। जब आप सही तरीके से व्यवसाय का निर्माण करते हैं और दीर्घकालिक सफलता के लिए नैतिकता का पालन करते हैं, तो आपका व्यवसाय स्थिर रहता है और आप खुद को एक भरोसेमंद लीडर के रूप में स्थापित करते हैं।

याद रखें, नैतिकता केवल आपके व्यवसाय को मजबूत नहीं बनाती, बल्कि यह आपको एक संतोषजनक और सफल जीवन भी प्रदान करती है। जब आप नैतिकता के साथ काम करते हैं, तो आपकी सफलता न केवल तात्कालिक होती है, बल्कि दीर्घकालिक भी।

**अब हम आपके सामने कुछ सवाल रख रहे हैं, जिनके जवाब आपको खुद देने होंगे। ये सवाल बेहद जरूरी हैं और आपके व्यवसाय और व्यक्तिगत विकास के लिए महत्त्वपूर्ण साबित हो सकते हैं:**

***1.आपकी नैतिकता का परीक्षण:***

- **सवाल:** क्या आप अपने ग्राहकों और टीम मेंबर्स के साथ हमेशा ईमानदारी से काम करते हैं?
- **सवाल:** क्या आपने कभी अपने उत्पादों या अवसरों के बारे में भ्रामक जानकारी दी है? यदि हाँ, तो इसे कैसे ठीक किया जा सकता है?

***2. व्यवसाय में विश्वास निर्माण:***

- **सवाल:** क्या आपके ग्राहक और टीम मेंबर्स आप पर भरोसा करते हैं? आप यह विश्वास कैसे बनाए रखते हैं?
- **सवाल:** क्या आप नियमित रूप से अपने ग्राहकों और टीम के सदस्यों के साथ संवाद करते हैं, उनकी समस्याओं को सुनते हैं, और समाधान प्रदान करते हैं?

***3. नैतिक व्यापार प्रथाओं का पालन:***

- **सवाल:** क्या आप अपने व्यवसाय के हर पहलू में नैतिकता का पालन कर रहे हैं?
- **सवाल:** क्या आप अपने टीम मेंबर्स और ग्राहकों को भी नैतिकता का महत्त्व समझाते हैं?

***4. दीर्घकालिक सफलता के लिए कदम:***

- **सवाल:** क्या आप अपने दीर्घकालिक लक्ष्यों को नैतिक व्यापारिक प्रथाओं के आधार पर बना रहे हैं?
- **सवाल:** क्या आप अपने ग्राहकों और टीम मेंबर्स के साथ दीर्घकालिक संबंधों का निर्माण कर रहे हैं?

## संदेश

**"ईमानदारी और नैतिकता किसी भी सफल व्यवसाय की नींव होती हैं।"**

जब आप सच्चाई और ईमानदारी के साथ अपने व्यवसाय का निर्माण करते हैं, तो आपको न केवल तात्कालिक लाभ मिलता है, बल्कि दीर्घकालिक सफलता की राहभी खुलती है।

"सफलता केवल वित्तीय लाभ तक सीमित नहीं होती, यह आपके नैतिक मूल्यों और ईमानदारी से भी मापी जाती है। जब आप सही रास्ते पर चलते हैं, तो सफलता अपने आप आपके पास आती है।"

नेटवर्क मार्केटिंग सिर्फ प्रोडक्ट्स बेचने का काम नहीं है, बल्कि यह लोगों से मजबूत रिश्ते बनाने की कला है। जब आप दूसरों के साथ अच्छे और भरोसेमंद संबंध बनाते हैं, तो वे आप पर भरोसा करते हैं और आपके साथ काम करना पसंद करते हैं। इसी से आपकी सफलता बढ़ती है।

17

# नेटवर्क मार्केटिंग में पर्सनल ब्रांडिंग का महत्त्व

नेटवर्क मार्केटिंग में पर्सनल ब्रांडिंग वह ताकत है जो आपको भीड़ से अलग खड़ा करती है। आज के डिजिटल युग में, आपकी पहचान ही आपका ब्रांड है, और इस ब्रांड की विश्वसनीयता और प्रभावशीलता ही आपकी सफलता को तय करती है। पर्सनल ब्रांडिंग का मतलब है कि लोग आपको और आपके काम को कैसे देखते हैं। आपके पास एक ऐसा ब्रांड होना चाहिए जो भरोसेमंद, प्रभावी और प्रेरणादायक हो।

इस अध्याय में, हम समझेंगे कि पर्सनल ब्रांडिंग क्या है, इसका नेटवर्क मार्केटिंग में क्या महत्त्व है, और कैसे आप अपने आप को एक प्रभावी और विश्वसनीय ब्रांड के रूप में प्रस्तुत कर सकते हैं। इसके साथ ही, हम वास्तविक जीवन के उदाहरणों और कहानियों के माध्यम से यह जानेंगे कि कैसे लोग पर्सनल ब्रांडिंग का उपयोग करके नेटवर्क मार्केटिंग में सफल हुए।

## पर्सनल ब्रांडिंग क्या है और इसका महत्त्व

नेटवर्क मार्केटिंग में पर्सनल ब्रांडिंग का मतलब है कि लोग आपको, आपके काम और आपके व्यक्तित्व को कैसे देखते हैं। एक प्रभावी पर्सनल ब्रांड आपको दूसरों से अलग बनाता है और आपके ग्राहकों व टीम में विश्वास पैदा करता है। इसे विकसित करने के लिए आपको सबसे पहले अपनी पहचान स्पष्ट करनी होगी—आप कौन हैं, आपका उद्देश्य क्या है, और आप दूसरों को कैसे मदद कर सकते हैं। सोशल मीडिया पर अपनी उपस्थिति बनाए रखें, नियमित रूप से अपने विचार, अनुभव और सफलता की कहानियाँ साझा करें।

ईमानदारी और पारदर्शिता से काम करें, ताकि लोग आप पर भरोसा करें। जब आपकी छवि सकारात्मक, प्रेरणादायक और विश्वसनीय होती है, तो लोग आपकी ओर आकर्षित होते हैं, जिससे आपका नेटवर्क और व्यवसाय बढ़ता है।

**वास्तविक जीवन की कहानी :** रविंदर कुमार शर्मा, बिहार के एक नेटवर्क मार्केटर थे, लेकिन उनकी टीम और ग्राहकों की संख्या में कोई खास बढ़ोतरी नहीं हो रही थी। उन्होंने महसूस किया कि केवल उत्पादों और व्यवसाय पर ध्यान देने से पर्याप्त परिणाम नहीं मिल रहे थे। इसके बाद, उन्होंने अपनी पर्सनल ब्रांडिंग पर काम करने का फैसला किया।रविंदर ने सोशल मीडिया का उपयोग करते हुए अपनी एक सकारात्मक और प्रेरक छवि बनाई। उन्होंने अपने अनुभव और विचारों को वीडियो और पोस्ट्स के माध्यम से साझा करना शुरू किया। उनकी पोस्ट्स में सफलता के टिप्स, प्रेरणादायक कहानियाँ और नेटवर्क मार्केटिंग से जुड़े उपयोगी सुझाव होते थे। धीरे-धीरे, लोग उनके विचारों से प्रभावित होने लगे और उनके फॉलोवर्स की संख्या बढ़ने लगी।

रविंदर की सोशल मीडिया उपस्थिति ने उन्हें एक पहचान दी, और लोग उनसे जुड़ने लगे। नतीजतन, उनकी टीम और ग्राहक आधार तेजी से बढ़ने लगे। रविंदर ने सिर्फ अपने नेटवर्क मार्केटिंग कौशल के आधार पर ही नहीं, बल्कि अपनी व्यक्तिगत छवि और प्रभावशाली ब्रांडिंग के दम पर भी सफलता प्राप्त की।

**सीख:** पर्सनल ब्रांडिंग से लोग आपको और आपके विचारों को याद रखते हैं। जब आप एक प्रभावी और भरोसेमंद ब्रांड बनाते हैं, तो आपके साथ जुड़ने वाले लोगों की संख्या तेजी से बढ़ती है, और आपका व्यवसाय स्थिरता के साथ आगे बढ़ता है।

## अपने आप को एक प्रभावी और विश्वसनीय ब्रांड के रूप में कैसे प्रस्तुत करें

अपने आप को एक प्रभावी और विश्वसनीय ब्रांड के रूप में प्रस्तुत करना बहुत महत्त्वपूर्ण है। इसके लिए सबसे पहले आपको अपनी व्यक्तिगत छवि और काम में एकरूपता बनाए रखनी होगी। जब लोग आपको देखते हैं या आपकी बातों को सुनते हैं, तो उन्हें स्पष्ट रूप से पता होना चाहिए कि आप कौन हैं, क्या करते हैं, और आपके काम की गुणवत्ता कैसी है।

विश्वसनीय ब्रांडिंग का मतलब है कि लोग आपसे जुड़ते हैं क्योंकि वे आपके द्वारा दी गई जानकारी और सेवाओं पर भरोसा करते हैं। इसके लिए आपको हमेशा सच्ची और

उपयोगी जानकारी प्रदान करनी होगी। अपनी वचनबद्धताओं को पूरा करना और ग्राहकों या टीम मेंबर्स के साथ ईमानदारी से व्यवहार करना भी आपकी विश्वसनीयता बढ़ाता है। जब लोग आपको एक भरोसेमंद और स्थिर व्यक्ति के रूप में देखते हैं, तो वे आपके साथ लंबे समय तक जुड़े रहते हैं। इस प्रकार, एक प्रभावी और विश्वसनीय ब्रांड बनाकर आप अपने व्यवसाय में स्थिरता और सफलता प्राप्त कर सकते हैं। यही ब्रांडिंग आपकी दीर्घकालिक सफलता की कुंजी है।

**वास्तविक जीवन की कहानी:** विक्रांत मेहता, जो अहमदाबाद, गुजरात के निवासी हैं, ने जब नेटवर्क मार्केटिंग में कदम रखा, तो उन्होंने देखा कि कई लोग सफलता के बड़े-बड़े वादे करते हैं, लेकिन उनके पास एक स्पष्ट और विश्वसनीय छवि नहीं होती थी। विक्रांत ने यह समझा कि दीर्घकालिक सफलता के लिए एक ईमानदार और विश्वसनीय ब्रांड बनाना बेहद जरूरी है।

उन्होंने खुद को एक प्रामाणिक और ईमानदार व्यक्ति के रूप में प्रस्तुत करने का फैसला किया। विक्रांत ने अपने सोशल मीडिया प्लेटफॉर्म्स पर हमेशा सच्ची और प्रामाणिक जानकारी साझा की। उन्होंने कभी भी अतिरंजित वादे नहीं किए और न ही लोगों को गुमराह किया। उनके द्वारा दी गई हर जानकारी पारदर्शी और वास्तविक होती थी, जिससे लोग उनके प्रति आकर्षित होने लगे।

धीरे-धीरे, विक्रांत की यह ईमानदारी और पारदर्शिता लोगों के बीच उनकी विश्वसनीयता को बढ़ाती गई। उनके ग्राहक और टीम के सदस्य उन पर पूरी तरह से भरोसा करने लगे। इस भरोसे के चलते उनकी टीम और ग्राहक आधार तेजी से बढ़ने लगे और विक्रांत का व्यवसाय सफल हो गया।

**सीख:** अगर आप अपनी पर्सनल ब्रांडिंग में ईमानदारी और प्रामाणिकता बनाए रखते हैं, तो लोग आप पर भरोसा करेंगे और आपके साथ लंबे समय तक जुड़े रहेंगे। एक सच्ची और विश्वसनीय छवि ही आपके व्यवसाय की सफलता की कुंजी है।

## सोशल मीडिया और अन्य प्लेटफ़ॉर्म्स पर पर्सनल ब्रांड कैसे बनाएं

सोशल मीडिया आज के समय में पर्सनल ब्रांडिंगका सबसे शक्तिशाली माध्यम है। फेसबुक, इंस्टाग्राम, लिंक्डइन जैसे प्लेटफ़ॉर्म्स आपको अपनी पहचान बनाने का मौका

देते हैं।सोशल मीडिया पर एक मजबूत ब्रांड छवि बनाने के लिए सबसे पहले आपको यह समझना होगा कि आप किस तरह की छवि प्रस्तुत करना चाहते हैं। अपने लक्षित ग्राहकों और संभावित नेटवर्क सदस्यों को ध्यान में रखते हुए, आपको अपने पोस्ट और कंटेंट में स्पष्टता और सच्चाई दिखानी चाहिए। नियमित रूप से प्रेरणादायक और उपयोगी सामग्री पोस्ट करें, जैसे कि सफलता की कहानियाँ, उत्पाद के बारे में जानकारी, और व्यक्तिगत अनुभव।

आपकी छवि को पेशेवर और आकर्षक होना चाहिए, जिससे लोग आप पर भरोसा कर सकें। प्रोफाइल फोटो, बायो, और पोस्ट में एकरूपता बनाए रखें।

लोगों के साथ संवाद करना भी महत्त्वपूर्ण है। उनके सवालों का उत्तर दें, उनकी टिप्पणियों पर प्रतिक्रिया दें, और अपने फॉलोअर्स के साथ व्यक्तिगत जुड़ाव बनाए रखें।

जब लोग आपकी ब्रांड छवि को ईमानदार, विश्वसनीय और उपयोगी मानते हैं, तो वे आपसे जुड़ने और आपके उत्पादों में रुचि दिखाने लगते हैं।

**वास्तविक जीवन की कहानी:** सोनू जायसवाल, जो भोपाल, मध्य प्रदेश के निवासी हैं, ने अपने नेटवर्क मार्केटिंग व्यवसाय को बढ़ाने के लिए इंस्टाग्राम पर अपना एक पर्सनल ब्रांड बनाया। उन्होंने नियमित रूप से अपने अनुभव, सफलता की कहानियाँ और प्रेरणादायक पोस्ट्स शेयर करना शुरू किया। उनकी पोस्ट्स में सच्चाई, स्पष्टता, और प्रेरणा होती थी, जो लोगों को आकर्षित करती थी।सोनू ने अपने फॉलोअर्स को हमेशा सटीक और ईमानदार जानकारी दी, जिससे उनका विश्वास बढ़ने लगा। उन्होंने कभी भी अतिरंजित दावे नहीं किए, बल्कि अपने अनुभव और संघर्षों को साझा किया, जो लोगों के लिए प्रेरणा का स्रोत बना। कुछ ही महीनों में सोनू के फॉलोअर्स की संख्या हजारों में पहुँच गई। इसके साथ ही, उनके नेटवर्क मार्केटिंग व्यवसाय में भी तेजी से वृद्धि हुई।

सोशल मीडिया के माध्यम से सोनू ने न केवल अपनी अलग पहचान बनाई, बल्कि इसे अपने व्यवसाय की नींव के रूप में भी इस्तेमाल किया। उनकी पर्सनल ब्रांडिंग ने उन्हें एक विश्वसनीय और प्रेरणादायक व्यक्तित्व के रूप में स्थापित किया।

**सीख:** सोशल मीडिया एक शक्तिशाली माध्यम है। अगर आप इसे सही ढंग से और लगातार उपयोग करते हैं, तो आप एक मजबूत पर्सनल ब्रांड बना सकते हैं। सच्चाई, प्रेरणा और ईमानदारी से अपने विचारों को साझा करने से लोग आपसे जुड़ते हैं और आपका व्यवसाय भी तेजी से आगे बढ़ता है।

## ब्रांडिंग के लिए प्रभावी रणनीतियाँ

एक प्रभावी पर्सनल ब्रांड बनाने के लिए आपको कुछ महत्त्वपूर्ण रणनीतियों पर ध्यान देना जरूरी है। सबसे पहले, अपने ब्रांड की पहचान स्पष्ट करें आप कौन हैं, आप क्या करते हैं, और आपकी विशेषता क्या है। यह स्पष्टता आपके ब्रांड को मजबूत बनाती है और लोगों को यह समझने में मदद करती है कि आप किस चीज़ के लिए खड़े हैं।

दूसरा, निरंतरता बनाए रखें। ब्रांडिंग एक दिन की प्रक्रिया नहीं है, बल्कि यह एक निरंतर प्रयास है। नियमित रूप से अपने सोशल मीडिया प्लेटफॉर्म्स पर पोस्ट करें, अपने विचार और अनुभव साझा करें, और अपने फॉलोअर्स के साथ जुड़ें। इससे आपकी पहचान और विश्वसनीयता बढ़ती है।

तीसरा, सच्चाई और ईमानदारी का पालन करें। अपने ब्रांड को प्रभावी बनाने के लिए, लोगों को सही जानकारी दें और उनके साथ पारदर्शिता बनाए रखें। इससे आपके फॉलोअर्स आप पर भरोसा करेंगे और आपके साथ लंबे समय तक जुड़े रहेंगे।

अंत में, अपनी ब्रांडिंग में प्रेरणा और सकारात्मकता को शामिल करें। लोग ऐसे व्यक्तियों से जुड़ना पसंद करते हैं जो उन्हें प्रेरित करते हैं। इन रणनीतियों को अपनाकर आप एक मजबूत और प्रभावी पर्सनल ब्रांड बना सकते हैं, जो आपके व्यवसाय को नई ऊंचाइयों तक ले जाएगा।

**वास्तविक जीवन की कहानी:** राहुल गुप्ता, जो झाँसी, मध्य प्रदेश के निवासी हैं, ने अपनी पर्सनल ब्रांडिंग के लिए एक रणनीतिक दृष्टिकोण अपनाया। उन्होंने तय किया कि सप्ताह में एक दिन वह वीडियो पोस्ट करेंगे, जिसमें वे नेटवर्क मार्केटिंग के विभिन्न पहलुओं पर चर्चा करेंगे। उनके वीडियो में व्यवसाय के टिप्स, प्रेरणादायक कहानियाँ, और व्यावहारिक सुझाव होते थे, जो लोगों को उनकी ओर आकर्षित करते थे। इसके साथ ही, राहुल ने अपनी टीम के सदस्यों और ग्राहकों की सफलता की कहानियाँ भी शेयर करना शुरू किया, जिससे उनकी पोस्ट्स और भी प्रामाणिक और विश्वसनीय लगने लगीं।

राहुल की पोस्ट्स में एक खास बात थी उनकी सामग्री हमेशा प्रेरणादायक, ज्ञानवर्धक और व्यावहारिक होती थी। उन्होंने अपनी ब्रांडिंग में निरंतरता और एकरूपता बनाए रखी, जिससे लोग उनके विचारों और दृष्टिकोण से प्रभावित होते रहे। उनकी यह रणनीति बहुत सफल रही, और धीरे-धीरे उन्हें नई लीड्स और टीम के सदस्य मिलने लगे।

राहुल की यह रणनीतिक पर्सनल ब्रांडिंग ने उन्हें एक विश्वसनीय और प्रभावशाली व्यक्तित्व के रूप में स्थापित कर दिया, और उनका व्यवसाय तेजी से बढ़ने लगा।

**सीख:** पर्सनल ब्रांडिंग के लिए एक स्पष्ट रणनीति बनाएं और उस पर लगातार काम करें। चाहे वह वीडियो हो, ब्लॉग हो या सोशल मीडिया पोस्ट्स-आपकी ब्रांडिंग की सामग्री एकरूप, विश्वसनीय और प्रामाणिक होनी चाहिए, तभी लोग आप पर भरोसा करेंगे और आपके साथ जुड़ना चाहेंगे।

## निष्कर्ष

नेटवर्क मार्केटिंग में पर्सनल ब्रांडिंग एक महत्त्वपूर्ण भूमिका निभाती है। जब आप खुद को एक प्रभावी और विश्वसनीय ब्रांड के रूप में प्रस्तुत करते हैं, तो लोग आप पर भरोसा करते हैं और आपके साथ काम करने के लिए उत्सुक होते हैं। सोशल मीडिया और अन्य प्लेटफ़ॉर्म्स पर सही रणनीतियों का उपयोग करके आप अपने ब्रांड को न केवल विकसित कर सकते हैं, बल्कि उसे मजबूत भी बना सकते हैं।

याद रखें, पर्सनल ब्रांडिंग के माध्यम से लोग आपको पहचानते हैं। यह आपके व्यवसाय की आत्मा है, और जब लोग आप पर और आपके ब्रांड पर भरोसा करते हैं, तो आपकी सफलता की संभावनाएँ और भी बढ़ जाती हैं।

अब हम आपके सामने कुछ सवाल रख रहे हैं, जिनके जवाब आपको खुद देने होंगे। ये सवाल बेहद जरूरी हैं और आपके व्यवसाय और व्यक्तिगत विकास के लिए महत्त्वपूर्ण साबित हो सकते हैं:

***1. पर्सनल ब्रांडिंग का मूल्यांकन:***

- **सवाल:** क्या लोग आपको एक विशिष्ट, प्रभावी और विश्वसनीय व्यक्ति के रूप में देखते हैं?
- **सवाल:** आपकी पर्सनल ब्रांडिंग में कौन से गुण हैं जो आपको दूसरों से अलग बनाते हैं?

***2. सोशल मीडिया पर आपकी उपस्थिति:***

- **सवाल:** क्या आप सोशल मीडिया पर नियमित रूप से पोस्ट करते हैं? यदि हाँ, तो क्या आपकी पोस्ट्स आपके ब्रांड को प्रतिबिंबित करती हैं?

- **सवाल:** क्या आपके फॉलोअर्स आपके काम और विचारों पर विश्वास करते हैं? आप उन्हें कैसे प्रेरित करते हैं?

*3. आपका ब्रांडिंग दृष्टिकोण:*

- **सवाल:** क्या आपके द्वारा अपनाई गई ब्रांडिंग रणनीति स्पष्ट और एकरूप है?
- **सवाल:** क्या आप अपनी ब्रांडिंग सामग्री में नियमितता और सटीकता बनाए रखते हैं?

*4. ब्रांडिंग सुधार:*

- **सवाल:** क्या आपकी ब्रांडिंग ईमानदारी और पारदर्शिता पर आधारित है?
- **सवाल:** क्या आपको लगता है कि आपके ब्रांड को और प्रभावी बनाने के लिए कुछ बदलाव करने की आवश्यकता है?

## संदेश

**"आपकी पर्सनल ब्रांडिंग ही आपकी सबसे बड़ी पहचान है।"**

आपका व्यक्तित्व, आपके विचार और आपके काम आपके ब्रांड का निर्माण करते हैं। जब लोग आपके ब्रांड पर विश्वास करते हैं, तो वे आपके साथ जुड़ते हैं और आपको सफलता की ओर ले जाते हैं।

"सफलता तब मिलती है जब आप खुद को ईमानदारी और प्रामाणिकता के साथ प्रस्तुत करते हैं। अपने ब्रांड को मजबूत बनाएँ, और सफलता आपका पीछा करेगी।"

नेटवर्क मार्केटिंग किसी भी तरह कीनौकरी नहीं, बल्कि एक जीवनशैली है। इसमें आप अपना समय, मेहनत और ऊर्जा खुद तय करते हैं। यह आपको खुद का बॉस बनने, अपनी टीम के साथ काम करने और अपनी आर्थिक स्थिति सुधारने का मौका देता है। यहां आप अपने जीवन को अपने तरीके से जीते हैं।

18

# नेटवर्क मार्केटिंग में दीर्घकालिक सफलता की रणनीतियाँ

नेटवर्क मार्केटिंग में सफलता की कुंजी केवल तात्कालिक परिणामों पर ध्यान देने में नहीं, बल्कि दीर्घकालिक रणनीतियों को समझने और अपनाने में है। इस उद्योग में स्थिरता और निरंतरता से ही आप एक सफल करियर बना सकते हैं। दीर्घकालिक सफलता के लिए आपको सही लक्ष्य बनाना, लगातार सीखते रहना, नेटवर्क और टीम को विस्तार देना, और व्यक्तिगत तथा व्यावसायिक संतुलन बनाए रखना बेहद आवश्यक है।

इस अध्याय में हम जानेंगे कि कैसे दीर्घकालिक सफलता पाने के लिए रणनीतियाँ बनाईं जाएँ, और इसे रोमांचक उदाहरणों के साथ समझेंगे कि लोग इन रणनीतियों का उपयोग करके कैसे सफल हुए।

## दीर्घकालिक सफलता के लिए लक्ष्य और योजनाएँ बनाना

दीर्घकालिक सफलता के लिए एक स्पष्ट योजना और ठोस लक्ष्य बनाना अत्यंत आवश्यक है। यह प्रक्रिया केवल कुछ महीने की नहीं, बल्कि आपके आने वाले वर्षों की दिशा तय करती है। जब आप अपने दीर्घकालिक लक्ष्य निर्धारित करते हैं, तो आप अपने सपनों को बड़ा बनाने का साहस जुटाते हैं। एक स्पष्ट योजना से आपको यह पता चलता है कि अगले कुछ वर्षों में आपको क्या हासिल करना है और वहां कैसे पहुंचना है। यह योजना आपके छोटे-छोटे लक्ष्यों को निर्धारित करने में भी मदद करती है, ताकि आप सही दिशा में बढ़ते रहें।

दीर्घकालिक लक्ष्य आपको न केवल बड़े सपनों की ओर अग्रसर करते हैं, बल्कि कठिन समय में भी प्रेरित रखते हैं। जब आपके पास एक स्पष्ट योजना और लक्ष्य होते हैं, तो आप अपनी प्राथमिकताओं को बेहतर ढंग से समझ पाते हैं और अपने समय का सही उपयोग कर पाते हैं।इसलिए, दीर्घकालिक सफलता के लिए जरूरी है कि आप न केवल वर्तमान पर ध्यान दें, बल्कि भविष्य की योजना बनाकर अपने लक्ष्यों की दिशा में निरंतर कार्य करते रहें। यही दृष्टिकोण आपको स्थायी और महत्त्वपूर्ण सफलता की ओर ले जाता है

**वास्तविक जीवन की कहानी:** सुरेन्द्र कुमार सनी, जो झाँसी, मध्य प्रदेश के निवासी हैं, ने जब नेटवर्क मार्केटिंग में शुरुआत की, तो उनका ध्यान केवल तात्कालिक बिक्री पर था। वह केवल तत्काल लाभ के बारे में सोचते थे। लेकिन समय के साथ उन्होंने यह समझा कि दीर्घकालिक सफलता के लिए एक व्यापक योजना बनाना जरूरी है। सुरेन्द्र ने अपने व्यवसाय को स्थिर और मजबूत बनाने के लिए अगले 5 साल का एक स्पष्ट लक्ष्य तैयार किया।

इस योजना में उन्होंने हर साल एक नई टीम तैयार करने और अपनी आय को धीरे-धीरे बढ़ाने का लक्ष्य रखा। इसके साथ ही, सुरेन्द्र ने छोटे-छोटे लक्ष्यों पर भी ध्यान दिया, जैसे कि हर महीने नए ग्राहकों को जोड़ना, अपनी टीम को बेहतर प्रशिक्षण देना, और अपने नेटवर्क को मजबूत करना।

धीरे-धीरे, उनकी मेहनत और दूरदृष्टि ने रंग दिखाया। उनकी टीम और व्यवसाय लगातार बढ़ते गए। आज, सुरेन्द्र का नेटवर्क मार्केटिंग व्यवसाय पूरे देश में फैला हुआ है और वह एक सफल लीडर के रूप में जाने जाते हैं।

**सीख:** दीर्घकालिक लक्ष्य बनाने से आप अपने व्यवसाय को स्थिर और मजबूत बना सकते हैं। जब आप अपने व्यवसाय को लंबी अवधि के नजरिए से देखते हैं और सही योजना बनाते हैं, तो आपकी सफलता की संभावना भी बढ़ जाती है। निरंतरता और सही दिशा ही दीर्घकालिक सफलता की कुंजी हैं।

## विकास के लिए लगातार सीखते और बढ़ते रहना

विकास के लिए लगातार सीखते रहना और खुद को बेहतर बनाना नेटवर्क मार्केटिंग में अत्यधिक महत्त्वपूर्ण है। यह एक ऐसा उद्योग है जहां बदलाव तेज़ी से होते हैं—चाहे वह नई तकनीक हो, मार्केटिंग की नई रणनीतियाँ हों, या ग्राहकों की बदलती ज़रूरतें। इसलिए, जो लोग समय के साथ खुद को अपडेट रखते हैं और नई चीज़ें सीखते रहते हैं, वे

ही दीर्घकालिक सफलता हासिल कर पाते हैं।

सीखने की प्रक्रिया कभी समाप्त नहीं होती। नेटवर्क मार्केटिंग में सफलता पाने के लिए आपको अपने कौशल, ज्ञान, और दृष्टिकोण को लगातार निखारते रहना होगा। इससे न केवल आप अपने व्यवसाय में बेहतर बनेंगे, बल्कि आपकी टीम और ग्राहक भी आपसे प्रेरणा लेंगे।

जो लोग नई रणनीतियों को अपनाने और अपनी गलतियों से सीखने के लिए तैयार रहते हैं, वे तेजी से आगे बढ़ते हैं। चाहे वह किसी नई मार्केटिंग तकनीक को सीखना हो या लीडरशिप के गुणों को समझना हो, यह सब आपके विकास का हिस्सा है।

इसलिए, अपने व्यक्तिगत और व्यवसायिक विकास के लिए हमेशा सीखने की प्रवृत्ति बनाए रखें। जब आप लगातार सीखते और बढ़ते हैं, तो न केवल आप अपने व्यवसाय में सुधार लाते हैं, बल्कि आप दूसरों के लिए भी एक प्रेरणा बन जाते हैं। यही दृष्टिकोण दीर्घकालिक सफलता का मार्ग प्रशस्त करता है।

**वास्तविक जीवन की कहानी:** राधिका एक सफल नेटवर्क मार्केटर हैं, लेकिन उन्होंने कभी भी अपने ज्ञान को सीमित नहीं किया। वह हमेशा नई मार्केटिंग रणनीतियाँ सीखने के लिए उत्सुक रहती हैं। समय-समय पर वह सेमिनारों में भाग लेती हैं और नई तकनीकों के साथ खुद को अपडेट करती रहती हैं। राधिका को यह बात अच्छी तरह से समझ में आ गई थी कि नेटवर्क मार्केटिंग जैसे तेज़ी से बदलते उद्योग में सफलता पाने के लिए खुद को लगातार निखारते रहना जरूरी है।

इस सीखने की आदत ने उन्हें हमेशा अपने प्रतिस्पर्धियों से एक कदम आगे रखा। चाहे वह नई मार्केटिंग तकनीक हो या ग्राहक सेवा में सुधार, राधिका हर बदलाव को अपनाकर अपने व्यवसाय को और बेहतर बनाती रही हैं। इसका नतीजा यह हुआ कि उनका व्यवसाय लगातार बढ़ता रहा और उन्होंने अपने क्षेत्र में एक मजबूत पहचान बनाई।

**सीख:** जो लोग निरंतर सीखते और बढ़ते रहते हैं, वे ही दीर्घकालिक सफलता की सीढ़ियाँ चढ़ते हैं। इसलिए, अपने ज्ञान को बढ़ाने का प्रयास कभी न रुकने दें। लगातार सीखने और खुद को बेहतर बनाने से ही आप सफलता की ऊंचाइयों को छू सकते हैं।

## नेटवर्क और टीम का विस्तार करना

नेटवर्क मार्केटिंग का मुख्य आधार नेटवर्क और टीम का निर्माण है। आपकी सफलता इस बात पर निर्भर करती है कि आपकी टीम कितनी बड़ी और मजबूत है। जितनी बड़ी और

प्रभावी टीम होगी, आपकी सफलता की संभावनाएँ भी उतनी ही बढ़ जाएंगी। दीर्घकालिक सफलता के लिए आपको लगातार नए लोगों को अपने व्यवसाय में शामिल करना होगा। नए लोगों को जोड़ना आपके व्यवसाय के विस्तार और विकास के लिए आवश्यक है। लेकिन सिर्फ लोगों को जोड़ना ही पर्याप्त नहीं है, आपको उनकी सहायता और मार्गदर्शन भी करना होगा। उन्हें प्रशिक्षित करें, उन्हें व्यवसाय की बारीकियाँ समझाएं, और उनका मनोबल बढ़ाते रहें। जब आपकी टीम के सदस्य सफल होंगे, तो आपका नेटवर्क भी स्वतः मजबूत होगा।इसके अलावा, टीम के साथ लगातार संपर्क में रहना और उन्हें प्रेरित रखना भी महत्त्वपूर्ण है। जब आप अपनी टीम के साथ अच्छे संबंध बनाते हैं और उनकी समस्याओं का समाधान करते हैं, तो वे आपके साथ और अधिक निष्ठा से जुड़े रहते हैं।

इस तरह, टीम का सही तरीके से निर्माण करने से आपकी नेटवर्क मार्केटिंग में सफलता सुनिश्चित हो सकती है।

**सीखः** दीर्घकालिक सफलता के लिए, आपको लगातार अपनी टीम का विस्तार करना और उसे मजबूत बनाना होगा। आपकी टीम ही आपकी सबसे बड़ी ताकत है, और इसका सही प्रबंधन ही आपको ऊंचाइयों तक पहुंचा सकता है।

**वास्तविक जीवन की कहानी:** विश्वजीत दत्ता, जो तिनसुखिया, असम के निवासी हैं, ने अपने नेटवर्क मार्केटिंग व्यवसाय को बढ़ाने के लिए एक सरल, लेकिन प्रभावी रणनीति अपनाई। वह हर महीने एक छोटा सेमिनार आयोजित करते थे, जिसमें वे अपने उत्पादों की जानकारी साझा करते और लोगों को नेटवर्क मार्केटिंग व्यवसाय से जुड़ने के लिए प्रेरित करते। यह सेमिनार उनके लिए नए लोगों से जुड़ने और अपने व्यवसाय का विस्तार करने का एक बेहतरीन तरीका साबित हुआ।बिश्वजीत का फोकस केवल उत्पाद बेचने पर नहीं था, बल्कि नए लोगों को व्यवसाय में शामिल करना और उन्हें सही मार्गदर्शन देना था। वह अपने सेमिनारों में उन लोगों को भी बुलाते थे, जिन्होंने व्यवसाय में सफलता पाई थी, ताकि नए लोग प्रेरित हो सकें। इस प्रक्रिया से उन्होंने धीरे-धीरे अपनी टीम का विस्तार किया, और हर महीने नए सदस्य जुड़ते गए।

विश्वजीत की इस निरंतरता और धैर्य ने उन्हें बड़ी सफलता दिलाई। आज उनकी टीम में हजारों सदस्य हैं, और उनका व्यवसाय बहुत सफल है।

**सीखः** एक सफल नेटवर्क मार्केटर वही होता है, जो अपने नेटवर्क और टीम को निरंतर बढ़ाता रहता है। नए लोगों को जोड़ने और उन्हें सफल बनाने के प्रयास कभी रुकने नहीं चाहिए। लगातार प्रयास और सही रणनीति ही दीर्घकालिक सफलता की कुंजी है।

## व्यक्तिगत और व्यावसायिक संतुलन बनाए रखना

दीर्घकालिक सफलता के लिए व्यक्तिगत और व्यावसायिक जीवन के बीच संतुलन बनाए रखना बेहद जरूरी है। नेटवर्क मार्केटिंग जैसे व्यवसाय में अक्सर समय की मांग अधिक होती है, और यदि आप केवल व्यवसाय पर ध्यान देंगे, तो यह आपकी व्यक्तिगत ज़िंदगी पर नकारात्मक असर डाल सकता है। रिश्ते, परिवार और अपने लिए समय न निकालना आपको तनावग्रस्त और थका हुआ महसूस करवा सकता है।वहीं दूसरी ओर, अगर आप अपने व्यक्तिगत जीवन पर ज्यादा ध्यान देंगे और व्यवसाय को नज़रअंदाज़ करेंगे, तो इसका सीधा असर आपके व्यवसाय की सफलता पर पड़ेगा। काम में निरंतरता और ध्यान की कमी आपके नेटवर्क और टीम पर बुरा प्रभाव डाल सकती है।

एक सफल नेटवर्क मार्केटर वही होता है जो इन दोनों पहलुओं के बीच सही संतुलन बनाता है। इसके लिए आपको अपने समय का सही प्रबंधन करना होगा। अपनी दिनचर्या में व्यक्तिगत और व्यवसायिक कार्यों के लिए उचित समय निर्धारित करें। जब आप काम कर रहे हों, तो पूरी तरह से उस पर ध्यान दें, और जब आप अपने परिवार या व्यक्तिगत समय बिता रहे हों, तो उसे भी पूरी तरह एंजॉय करें।

**सीख:** दीर्घकालिक सफलता के लिए, यह जरूरी है कि आप अपने व्यक्तिगत और व्यावसायिक जीवन को संतुलित रखें। जब आप दोनों को संतुलित रूप से चलाते हैं, तो आप न केवल सफल होते हैं, बल्कि एक स्वस्थ और खुशहाल जीवन भी जीते हैं।

**वास्तविक जीवन की कहानी:** वरुण पाटिल, जो नांदेड़, महाराष्ट्र के निवासी हैं, एक समय पर अपने व्यवसाय और पारिवारिक जीवन के बीच तालमेल नहीं बिठा पा रहे थे। वह इतने व्यस्त हो गए थे कि उन्हें दोनों में से एक को चुनने की स्थिति में आना पड़ा। इसका परिणाम यह हुआ कि न तो उनका व्यवसाय सही तरीके से चल पा रहा था और न ही उनका पारिवारिक जीवन संतुलित रह पा रहा था।इससे वरुण ने सीखा कि दीर्घकालिक सफलता के लिए व्यक्तिगत और व्यावसायिक जीवन के बीच संतुलन बनाना बेहद जरूरी है। उन्होंने ठान लिया कि वे दोनों को एक साथ संभालेंगे। वरुण ने अपने काम के समय का बेहतर प्रबंधन करना शुरू किया और समय पर सभी काम पूरे करने का प्रयास किया। इसके साथ ही, उन्होंने अपने परिवार के साथ भी गुणवत्तापूर्ण समय बिताना शुरू किया।

इस संतुलन का परिणाम यह हुआ कि उनका व्यवसाय फिर से तेजी से बढ़ने लगा

और उनके पारिवारिक जीवन में भी शांति और खुशी आई। वरुण अब अपने व्यवसाय को बेहतर ढंग से चला पा रहे हैं और साथ ही अपने परिवार के साथ भी सुकून भरे पल बिता रहे हैं।

**सीख:** अगर आप दीर्घकालिक सफलता चाहते हैं, तो व्यक्तिगत और व्यावसायिक जीवन के बीच संतुलन बनाना अत्यंत आवश्यक है। यह संतुलन आपको मानसिक शांति देगा और आपके व्यवसाय को अधिक प्रभावी ढंग से आगे बढ़ाने में मदद करेगा।

## निष्कर्ष

दीर्घकालिक सफलता कोई जादू नहीं है, बल्कि यह रणनीतिक सोच, सही लक्ष्य, निरंतर सीखने की आदत, टीम और नेटवर्क का विस्तार, और व्यक्तिगत संतुलन पर आधारित होती है। अगर आप इन पहलुओं पर ध्यान देते हैं, तो आप निश्चित रूप से नेटवर्क मार्केटिंग में एक सफल करियर बना सकते हैं।

नेटवर्क मार्केटिंग एक ऐसा व्यवसाय है, जो आपको दीर्घकालिक रूप से सफलता पाने के कई मौके देता है, लेकिन इसके लिए आपको सही दृष्टिकोण और रणनीतियों का पालन करना होगा।

अब हम आपके सामने कुछ सवाल रख रहे हैं, जिनके जवाब आपको खुद देने होंगे। ये सवाल बेहद जरूरी हैं और आपके व्यवसाय और व्यक्तिगत विकास के लिए महत्त्वपूर्ण साबित हो सकते हैं:

**1. दीर्घकालिक लक्ष्य और योजनाएँ:**

- **सवाल:** क्या आपने अपने नेटवर्क मार्केटिंग व्यवसाय के लिए अगले 5 साल के लिए कोई स्पष्ट लक्ष्य निर्धारित किए हैं?
- **सवाल:** क्या आपकी योजनाएँ छोटे और बड़े लक्ष्यों का संतुलन बनाए रखती हैं?

**2. निरंतर सीखने की प्रक्रिया:**

- **सवाल:** क्या आप नियमित रूप से नई मार्केटिंग रणनीतियाँ और तकनीकें सीख रहे हैं?
- **सवाल:** क्या आप सेमिनारों, वर्कशॉप्स, या ऑनलाइन कोर्स में भाग लेकर

अपने ज्ञान को अद्यतन कर रहे हैं?

**3. नेटवर्क और टीम का विस्तार:**

- **सवाल:** क्या आप हर महीने अपनी टीम या नेटवर्क में नए लोगों को जोड़ने का प्रयास करते हैं?
- **सवाल:** क्या आपकी टीम को लगातार प्रेरित और सशक्त करने के लिए कोई रणनीति है?

**4. व्यक्तिगत और व्यावसायिक संतुलन:**

- **सवाल:** क्या आप अपने व्यक्तिगत और व्यावसायिक जीवन के बीच संतुलन बना पा रहे हैं?
- **सवाल:** क्या आप अपने समय का सही प्रबंधन कर रहे हैं ताकि दोनों जीवन के पहलुओं में संतुलन बना रहे?

## संदेश

**दीर्घकालिक सफलता एक निरंतर यात्रा है, जो छोटे-छोटे प्रयासों से बनती है।**

इसे एक दिन में हासिल नहीं किया जा सकता, बल्कि इसके लिए आपको लगातार सीखना, मेहनत करना और धैर्य बनाए रखना होता है। आपके आज के छोटे प्रयास ही भविष्य में बड़े लक्ष्यों को पूरा करने का आधार बनते हैं। निरंतर अपने नेटवर्क का विस्तार करना, व्यक्तिगत और व्यवसायिक जीवन में संतुलन बनाए रखना, और खुद को हर दिन बेहतर बनाना ही दीर्घकालिक सफलता की कुंजी है। धैर्य, मेहनत और निरंतरता से ही आप अपने बड़े लक्ष्यों को हासिल कर सकते हैं।

नेटवर्क मार्केटिंग में सफलता का मतलब है, उन लोगों को चुनना जो काम के लिए तैयार और उत्सुक हों। फिर उनकी मदद करना ताकि वे भी सफल हो सकें। जब आप अपनी टीम को सही दिशा दिखाते हैं, समर्थन देते हैं, तो उनकी सफलता आपकी ही सफलता बन जाती है। उनकी तरक्की से ही आपकी तरक्की होती है।

19

# नेटवर्क मार्केटिंग में सफलता के मुख्य सूत्र

नेटवर्क मार्केटिंग एक ऐसा व्यवसाय है, जहाँ सफलता पाने के लिए दृढ़ता, निरंतर प्रयास, और सही रणनीतियों का पालन करना जरूरी होता है। इस पुस्तक में हमने उन महत्त्वपूर्ण पहलुओं पर चर्चा की है, जो एक सफल नेटवर्क मार्केटर बनने के लिए आवश्यक हैं। हमने देखा कि किस तरह से सही मानसिकता, लक्ष्य निर्धारण, टीम वर्क, डुप्लीकेशन की शक्ति, और फ़ॉलो-अप जैसी चीजें आपकी सफलता को सुनिश्चित करती हैं।

सफलता के मुख्य सूत्र यही हैं कि आप अपनी मेहनत और रणनीतियों को निरंतर बनाए रखें, खुद पर विश्वास रखें और दीर्घकालिक दृष्टिकोण से काम करें।

## दीर्घकालिक सफलता के लिए महत्त्वपूर्ण मार्गदर्शन

नेटवर्क मार्केटिंग में दीर्घकालिक सफलता पाना आसान नहीं है, लेकिन यह पूरी तरह से संभव है। इस व्यवसाय में सफल वही होते हैं, जो लगातार सीखते रहते हैं और अपने ज्ञान को बढ़ाते हैं। नेटवर्क मार्केटिंग में आपकी टीम और नेटवर्क ही आपकी ताकत होती है, इसलिए अपनी टीम को प्रेरित रखना और उनके साथ अच्छे संबंध बनाए रखना बेहद जरूरी है। इसके साथ ही, एक स्पष्ट लक्ष्य होना आवश्यक है। जब आप जानते हैं कि आप कहाँ जाना चाहते हैं, तो आप उस दिशा में बेहतर तरीके से काम कर सकते हैं।

इस व्यवसाय में धैर्य और निरंतरता से काम करने वाले लोग ही दीर्घकालिक सफलता प्राप्त करते हैं। मेहनत, सीखने की ललक और सही दिशा ही आपको नेटवर्क मार्केटिंग में

सफल बना सकती है।

**वास्तविक जीवन की कहानी:** रितिक अवस्थी, जो मुंबई के निवासी हैं, ने नेटवर्क मार्केटिंग में शुरुआत में काफी संघर्ष किया। उन्हें कई बार लोगों से “ना” सुनना पड़ा और कई बार निराशा का सामना करना पड़ा। लेकिन रितिक ने हार मानने की बजाय अपने लक्ष्यों को फिर से स्पष्ट किया। उन्होंने ठान लिया कि वे लगातार प्रयास करते रहेंगे।

रितिक ने अपनी टीम को प्रेरित करना शुरू किया और उनके साथ मिलकर छोटे-छोटे कदम उठाए। उन्होंने हर दिन थोड़ा-थोड़ा काम किया, अपने नेटवर्क को बढ़ाने के लिए नए लोगों से मिलते रहे और अपनी टीम को सही मार्गदर्शन देते रहे। धीरे-धीरे, उनके प्रयासों ने रंग दिखाना शुरू किया। उनकी टीम धीरे-धीरे बढ़ने लगी, और उनके व्यवसाय में स्थिरता आने लगी।

आज, रितिक एक सफल नेटवर्क मार्केटर हैं और उन्होंने दीर्घकालिक सफलता हासिल की है। उनके धैर्य और निरंतरता ने उन्हें उस मुकाम तक पहुँचाया, जहाँ लोग उनकी प्रेरणा लेते हैं।

**सीख:** दीर्घकालिक सफलता के लिए निरंतरता और धैर्य बेहद जरूरी हैं। चाहे आपको कितनी भी बार असफलता का सामना करना पड़े, अगर आप दृढ़ता से अपने लक्ष्य की ओर बढ़ते रहेंगे, तो एक दिन सफलता जरूर आपके कदमों में होगी। असफलता सिर्फ एक पड़ाव है, लेकिन चलना ही सफलता की कुंजी है।

## आगे बढ़ने के लिए अंतिम संदेश

नेटवर्क मार्केटिंग में सफलता पाने का कोई शॉर्टकट नहीं होता। यह एक ऐसा सफर है, जिसमें आपको निरंतर मेहनत करनी होती है। आपको लगातार नए लोगों से जुड़ना, अपने नेटवर्क का विस्तार करना और अपनी टीम के साथ मजबूत संबंध बनाना पड़ता है।सफलता तभी मिलती है जब आप धैर्य और समर्पण के साथ आगे बढ़ते हैं। इसमें समय और प्रयास दोनों लगते हैं। टीम का सहयोग और सही दिशा में काम करने की क्षमता ही आपको आगे बढ़ने में मदद करती है।

नेटवर्क मार्केटिंग में असली सफलता वही हासिल कर पाते हैं, जो नियमित रूप से मेहनत करते हैं, लोगों के साथ अच्छे संबंध बनाए रखते हैं, और अपने लक्ष्यों की ओर लगातार बढ़ते रहते हैं।

इस व्यवसाय में शॉर्टकट नहीं, बल्कि निरंतरता और मेहनत ही सफलता की कुंजी है।

**प्रेरणादायक संदेश:** सोनू शर्मा एक युवा नेटवर्क मार्केटर थे, जिन्होंने अपने करियर की शुरुआत में कई असफलताएँ देखीं। वह कई बार निराश हुए, लेकिन उन्होंने कभी हार नहीं मानी। हर असफलता को उन्होंने एक सीखने का अवसर माना और धैर्यपूर्वक आगे बढ़ते रहे।

धीरे-धीरे, सोनू ने नेटवर्क मार्केटिंग की मूल बातें समझनी शुरू कीं। उन्होंने यह सीखा कि इस व्यवसाय में सफलता पाने के लिए मेहनत, धैर्य, और सही रणनीति की जरूरत होती है। उन्होंने अपने ग्राहकों और टीम के सदस्यों के साथ विश्वासपूर्ण संबंध बनाना शुरू किया। उनका ध्यान केवल बिक्री पर नहीं था, बल्कि लोगों की समस्याओं को समझने और उनका समाधान देने पर भी था।

सोनू ने अपनी टीम को प्रेरित करने का काम भी किया, जिससे उनकी टीम धीरे-धीरे बढ़ती गई। उन्होंने हर सदस्य को सही मार्गदर्शन दिया और उन्हें सफलता की ओर अग्रसर किया। सोनू का यह समर्पण और टीम के साथ बेहतर संबंध उनकी सफलता की कुंजी बने।

आज, सोनू का नेटवर्क मार्केटिंग व्यवसाय बहुत बड़ा हो चुका है, और वह एक सफल लीडर के रूप में जाने जाते हैं। वह अपनी सफलता की कहानी से दूसरों को भी प्रेरित कर रहे हैं और उन्हें बेहतर बनने का मार्ग दिखा रहे हैं।

**सीख:** नेटवर्क मार्केटिंग में सफलता पाने के लिए धैर्य, मेहनत, और विश्वासपूर्ण संबंध बनाना जरूरी है। असफलताओं से सीखते हुए, सही दिशा में काम करने से ही सफलता मिलती है।

नेटवर्क मार्केटिंग आपको खुद को बेहतर बनाने और आर्थिक रूप से स्वतंत्र होने के शानदार मौके देता है। इसमें आप अपनी स्किल्स को निखार सकते हैं, लोगों से जुड़ सकते हैं और अपनी मेहनत से पैसा कमा सकते हैं। यह व्यक्तिगत और वित्तीय दोनों तरह से विकास का शानदार रास्ता है।

# 20

# अंतिम मगर कुछ बेहद जरूरी सुझाव

1. **खुद पर विश्वास रखें:** आपकी सफलता आपकी मानसिकता पर निर्भर करती है। खुद पर भरोसा रखें और अपनी क्षमता पर विश्वास बनाए रखें।
2. **निरंतरता बनाए रखें:** किसी भी व्यवसाय में निरंतरता सफलता की कुंजी होती है। छोटे कदम लें, लेकिन लगातार आगे बढ़ते रहें।
3. **अपनी टीम को प्रेरित रखें:** आपकी टीम आपकी सबसे बड़ी ताकत है। उन्हें प्रेरित और समर्थित रखें, ताकि वे भी सफलता की दिशा में बढ़ सकें।
4. **सीखते रहें:** हमेशा कुछ नया सीखने और खुद को बेहतर बनाने का प्रयास करें। यह न केवल आपके व्यवसाय को बल्कि आपके व्यक्तिगत विकास को भी बढ़ावा देगा।
5. **ग्राहकों के साथ मजबूत संबंध बनाएं:** आपके ग्राहकों के साथ आपका संबंध ही आपके व्यवसाय की नींव है। ईमानदारी और पारदर्शिता से उनके साथ संबंध मजबूत करें।
6. **सकारात्मक दृष्टिकोण बनाए रखें:** नेटवर्क मार्केटिंग में चुनौतियां आना स्वाभाविक है। इन चुनौतियों का सामना सकारात्मक दृष्टिकोण के साथ करें और समस्याओं को अवसर में बदलने का प्रयास करें।
7. **समय प्रबंधन करें:** अपने काम और व्यक्तिगत जीवन के बीच संतुलन बनाए रखें। समय का सही प्रबंधन ही आपको लगातार प्रगति की ओर ले जाएगा।

8. **नेटवर्क का विस्तार करें:** नेटवर्क मार्केटिंग का सबसे बड़ा पहलू आपका नेटवर्क है। नए संपर्क बनाएं, और अपने नेटवर्क का दायरा बढ़ाते रहें। इससे नए अवसर पैदा होंगे।
9. **उत्पाद को समझें:** आपके द्वारा बेचे जाने वाले उत्पाद की पूरी जानकारी होना जरूरी है। ग्राहकों को उत्पाद के लाभ और विशेषताओं के बारे में सही जानकारी दें ताकि वे आप पर विश्वास कर सकें।
10. **नेतृत्व कौशल विकसित करें:** नेटवर्क मार्केटिंग में सफल होने के लिए आपको केवल एक अच्छे विक्रेता नहीं, बल्कि एक अच्छे नेता की भी जरूरत होती है। अपनी टीम का मार्गदर्शन करें और उन्हें सही दिशा में आगे बढ़ने में मदद करें।
11. **सकारात्मक फीडबैक दें:** अपनी टीम के सदस्यों को प्रोत्साहित करने के लिए सकारात्मक प्रतिक्रिया दें। यह उनकी आत्मविश्वास को बढ़ाएगा और उनकी क्षमता को निखारेगा।
12. **स्पष्ट लक्ष्य निर्धारित करें:** अपने लिए और अपनी टीम के लिए छोटे और बड़े लक्ष्य निर्धारित करें। स्पष्ट लक्ष्यों के साथ काम करने से सफलता प्राप्त करने में सहायता मिलती है।
13. **प्रभावी संचार बनाए रखें:** आपकी संचार शैली स्पष्ट और प्रेरणादायक होनी चाहिए। अपने टीम के सदस्यों और ग्राहकों से नियमित बातचीत करें, उनकी समस्याओं को समझें और उन्हें समाधान प्रदान करें।
14. **व्यक्तिगत ब्रांडिंग पर ध्यान दें:** खुद को एक ब्रांड की तरह विकसित करें। सोशल मीडिया और अन्य प्लेटफार्मों पर अपनी पहचान बनाएं, ताकि लोग आपके साथ जुड़ने में रुचि लें।
15. **लक्ष्य केंद्रित रहें:** अपने दीर्घकालिक और अल्पकालिक लक्ष्यों पर ध्यान केंद्रित करें। अगर आपको किसी लक्ष्य तक पहुंचने में दिक्कत हो रही है, तो रणनीति में बदलाव करें, लेकिन अपने लक्ष्य को न छोड़ें।
16. **धैर्य रखें:** नेटवर्क मार्केटिंग में सफलता एक रात में नहीं मिलती। धैर्य के साथ काम करें, हर छोटी सफलता का जश्न मनाएं और सीखते रहें।
17. **सकारात्मक मानसिकता विकसित करें:** नकारात्मकता को अपने रास्ते

में आने न दें। सकारात्मक मानसिकता बनाए रखना आपकी ऊर्जा और प्रेरणा को बढ़ाने में मदद करता है।

18. **व्यवसाय के हर पहलू में पारदर्शिता बनाए रखें:** ईमानदारी से काम करें और अपने ग्राहकों और टीम के साथ खुले रहें। पारदर्शिता आपके व्यवसाय को दीर्घकालिक सफलता की ओर ले जाएगी।

19. **नेटवर्किंग इवेंट्स में भाग लें:** जितना हो सके, नेटवर्किंग इवेंट्स और सेमिनारों में भाग लें। यह आपको नए विचारों से परिचित कराएगा और नए संपर्क स्थापित करने में मदद करेगा।

20. **आलोचनाओं को सकारात्मक रूप से लें:** आलोचना को व्यक्तिगत रूप से न लें, बल्कि इसे अपने सुधार का साधन मानें। इससे आपको अपने काम में सुधार करने का अवसर मिलेगा।

21. **तकनीकी साधनों का उपयोग करें:** अपने व्यवसाय को बढ़ाने के लिए नवीनतम तकनीकी उपकरणों और सोशल मीडिया प्लेटफार्मों का उपयोग करें। इससे आपको नए ग्राहकों तक पहुंचने और अपनी टीम के साथ जुड़े रहने में मदद मिलेगी।

22. **वित्तीय योजना बनाएं:** अपनी कमाई का सही प्रबंधन करें और एक स्थिर वित्तीय योजना तैयार करें, ताकि आपके व्यवसाय में आने वाली अनिश्चितताओं का सामना किया जा सके।

23. **नए विचारों के लिए खुला रहें:** मार्केटिंग और सेल्स की रणनीतियों में बदलाव आता रहता है। नए ट्रेंड्स और मार्केटिंग तकनीकों के बारे में जानें और अपने व्यवसाय में इनका समावेश करें।

24. **ग्राहकों की जरूरतों को समझें:** अपने ग्राहकों की समस्याओं और आवश्यकताओं को समझें, और उसी के अनुसार उन्हें समाधान प्रदान करें। ग्राहक सेवा में आपकी कुशलता आपकी सफलता का आधार है।

25. **सकारात्मक वातावरण बनाएं:** अपनी टीम और ग्राहकों के साथ एक सकारात्मक और सहयोगी वातावरण बनाए रखें। सकारात्मक ऊर्जा का प्रवाह आपकी टीम को प्रेरित करेगा और बेहतर परिणाम देगा।

26. **विफलता से सीखें:** हर असफलता में एक सीख छिपी होती है। इसे अपने

सुधार के अवसर के रूप में देखें, और विफलताओं से घबराने के बजाय उनसे आगे बढ़ने का रास्ता बनाएं।

27. **स्वयं के स्वास्थ्य और संतुलन का ध्यान रखें:** एक सफल व्यवसाय का निर्माण करने के लिए शारीरिक और मानसिक स्वास्थ्य बहुत महत्त्वपूर्ण हैं। अपनी दिनचर्या में ध्यान, योग, और व्यायाम शामिल करें, ताकि आप ऊर्जा से भरपूर रहें।

28. **ग्राहकों को मूल्य प्रदान करें:** अपने उत्पादों और सेवाओं के माध्यम से ग्राहकों को वास्तविक मूल्य प्रदान करें। जब आपके ग्राहक देखेंगे कि आपका उत्पाद उनके जीवन में सकारात्मक बदलाव ला रहा है, तो वे खुद ही आपके ब्रांड के साथ लंबे समय तक जुड़े रहेंगे।

29. **ट्रेनिंग और वर्कशॉप आयोजित करें:** अपनी टीम के सदस्यों के लिए नियमित रूप से ट्रेनिंग और वर्कशॉप आयोजित करें ताकि वे नवीनतम रणनीतियों और तकनीकों से अपडेट रहें और अपने प्रदर्शन में सुधार कर सकें।

30. **दीर्घकालिक दृष्टिकोण रखें:** नेटवर्क मार्केटिंग में तुरंत बड़ी सफलता की अपेक्षा न करें। यह एक दीर्घकालिक प्रक्रिया है, जिसमें धैर्य और लगातार प्रयास की आवश्यकता होती है।

31. **अपने उत्पाद का उपयोग करें:** आप जिस उत्पाद या सेवा को बेच रहे हैं, पहले उसका खुद उपयोग करें। इससे न केवल आप इसे बेहतर समझ पाएंगे, बल्कि ग्राहकों के साथ उसकी सही विशेषताएँ भी साझा कर सकेंगे।

32. **प्लानिंग और रणनीति पर जोर दें:** हर बड़े लक्ष्य को हासिल करने के लिए एक अच्छी योजना और रणनीति की आवश्यकता होती है। हर हफ्ते, महीने, और साल के लिए एक ठोस योजना बनाएं और उस पर काम करें।

इन सुझावों को अपनाकर, आप नेटवर्क मार्केटिंग में एक मजबूत और लंबे समय तक चलने वाली सफलता की राह पर आगे बढ़ सकते हैं। जब आप खुद पर भरोसा करते हैं और लगातार मेहनत करते रहते हैं, तो हर चुनौती को आत्मविश्वास से पार कर सकते हैं। अपने ग्राहकों और टीम के साथ अच्छे और ईमानदार संबंध बनाकर, आप अपने व्यवसाय

को और मज़बूत बना सकते हैं। लगातार कुछ नया सीखने से आप अपने काम में सुधार करते रहेंगे। इन सभी बातों का पालन करके, आप न सिर्फ अपने व्यवसाय को अभी सफल बना सकते हैं, बल्कि भविष्य में भी स्थायी सफलता हासिल कर सकते हैं।

नेटवर्क मार्केटिंग में, आप अपने भाग्य के खुद मालिक होते हैं। इसमें आप अपनी मेहनत और समझ से सफलता हासिल कर सकते हैं। जितना ज्यादा आप काम करेंगे और सही दिशा में प्रयास करेंगे, उतनी ही तेजी से आप अपने लक्ष्य तक पहुंच सकते हैं। सब कुछ आपके हाथ में होता है।

21

# व्यवसाय और व्यक्तिगत विकास के लिए कुछ अंतिम चिंतन सवाल

नीचे दिए गए सवाल इस उद्देश्य से तैयार किए गए हैं ताकि आप अपनी नेटवर्क मार्केटिंग यात्रा पर गहराई से विचार कर सकें और उन क्षेत्रों को पहचान सकें जिनमें आप आगे बढ़ सकते हैं और सुधार कर सकते हैं। इन प्रश्नों के उत्तर ईमानदारी और संजीदगी से दें, क्योंकि यही आपकी सफलता की नींव बनेंगे:

*खुद पर विश्वास:*

- ❖ **सवाल:** क्या आपको सच में यह विश्वास है कि आप नेटवर्क मार्केटिंग में सफल हो सकते हैं?
- ❖ **सवाल:** जब मुश्किल समय आता है, तो आप अपने आत्मविश्वास को कैसे बनाए रखते हैं?

*संगति और प्रयास:*

- ❖ **सवाल:** क्या आप अपने व्यवसाय को बढ़ाने के लिए रोज़मर्रा की मेहनत में निरंतरता बनाए रखते हैं?
- ❖ **सवाल:** अपनी दिनचर्या में सुधार करने और लगातार मेहनत करने के लिए आप कौन से कदम उठाते हैं?

*टीम प्रेरणा:*

- ❖ **सवाल:** आप कैसे सुनिश्चित करते हैं कि आपकी टीम हमेशा प्रेरित और सक्रिय रहे?
- ❖ **सवाल:** अपनी टीम को लक्ष्य प्राप्त करने में सहायता करने के लिए आप किन रणनीतियों का उपयोग करते हैं?

*निरंतर सीखना:*

- ❖ **सवाल:** क्या आप हमेशा नई रणनीतियों और कौशल सीखने के अवसर खोजते हैं?
- ❖ **सवाल:** व्यवसाय में आगे बढ़ने के लिए किन क्षेत्रों में आपको और ज्ञान की ज़रूरत है?

*संबंध बनाना:*

- ❖ **सवाल:** क्या आपके ग्राहकों और टीम के सदस्यों के साथ आपके संबंध मज़बूत हैं?
- ❖ **सवाल:** और भी बेहतर और भरोसेमंद संबंध बनाने के लिए आप क्या-क्या कर सकते हैं?

*समय प्रबंधन:*

- ❖ **सवाल:** क्या आप अपने निजी और व्यावसायिक जीवन को संतुलित रख पा रहे हैं?
- ❖ **सवाल:** समय प्रबंधन में सुधार कर व्यक्तिगत और व्यावसायिक सफलता दोनों पाने के लिए आप क्या-क्या कर सकते हैं?

*नेटवर्किंग और विस्तार:*

- ❖ **सवाल:** क्या आप लगातार अपने नेटवर्क का विस्तार कर रहे हैं और नए लोगों से जुड़ रहे हैं?
- ❖ **सवाल:** नेटवर्क को और प्रभावी ढंग से बढ़ाने के लिए आप कौन से नए तरीके आजमा सकते हैं?

*उत्पाद ज्ञान:*

- ❖ **सवाल:** क्या आप अपने उत्पादों की पूरी जानकारी रखते हैं?
- ❖ **सवाल:** ग्राहकों को बेहतर सेवा देने के लिए आप अपने उत्पाद ज्ञान को कैसे सुधार सकते हैं?

*नेतृत्व विकास:*

- ❖ **सवाल:** क्या आप लगातार अपने नेतृत्व कौशल को विकसित कर रहे हैं?
- ❖ **सवाल:** टीम के सदस्यों को नेतृत्व क्षमता विकसित करने में आप कैसे मदद कर सकते हैं?

*लक्ष्य निर्धारण:*

- ❖ **सवाल:** क्या आपने अपने व्यवसाय के लिए स्पष्ट, दीर्घकालिक लक्ष्य तय किए हैं?
- ❖ **सवाल:** दीर्घकालिक लक्ष्यों को छोटे-छोटे, प्राप्य कार्यों में कैसे बांट सकते हैं?

*प्रतिक्रिया और विकास:*

- ❖ **सवाल:** क्या आप अपनी टीम और ग्राहकों से मिलने वाली प्रतिक्रिया को सकारात्मक रूप से लेते हैं?
- ❖ **सवाल:** आप मिलने वाली प्रतिक्रिया के आधार पर सुधार करने के लिए क्या-क्या कदम उठा सकते हैं?

*ब्रांडिंग और व्यक्तिगत छवि:*

- ❖ **सवाल:** क्या आप निरंतर अपने व्यक्तिगत ब्रांड के निर्माण पर काम कर रहे हैं?
- ❖ **सवाल:** क्या आपका ब्रांड आपके मूल्यों और प्रामाणिकता को सटीक रूप से दर्शाता है?

*नवाचार और अनुकूलन:*

- ❖ **सवाल:** क्या आप नए विचारों को अपनाने और बाजार में बदलाव के लिए तैयार रहते हैं?
- ❖ **सवाल:** व्यवसाय को बेहतर बनाने के लिए कौन सी नई तकनीकें आप लागू कर सकते हैं?

*धैर्य और दृढ़ता:*

- ❖ **सवाल:** धीमे व्यापार के समय में आप धैर्य और प्रेरणा कैसे बनाए रखते हैं?
- ❖ **सवाल:** दीर्घकालिक सफलता पर ध्यान केंद्रित करने के लिए आप कौन से तरीके अपनाते हैं?

*स्वास्थ्य और कल्याण:*

- ❖ **सवाल:** क्या आप अपने व्यवसाय के साथ-साथ अपने शारीरिक और मानसिक स्वास्थ्य का ध्यान रखते हैं?
- ❖ **सवाल:** दीर्घकालिक सफलता और व्यक्तिगत संतुलन सुनिश्चित करने के लिए आप अपने कार्य-जीवन संतुलन को कैसे सुधार सकते हैं?

इन प्रश्नों का उत्तर देने से आपको अपनी यात्रा का बेहतर आकलन करने और उन महत्त्वपूर्ण क्षेत्रों की पहचान करने में मदद मिलेगी जिनमें आपको सुधार की आवश्यकता है। अपने उत्तरों को आत्म-चिंतन के साथ देखिए, और अपने व्यवसाय और व्यक्तिगत जीवन में निरंतर प्रगति के लिए इन अंतर्दृष्टियों का उपयोग करें।

नेटवर्क मार्केटिंग में, आप अपने खुद के बॉस होते हैं, यानी आप अपनी पूरी जिम्मेदारी खुद उठाते हैं। आप अपने व्यवसाय को जैसे चाहें, वैसे चलाते हैं—फैसले लेते हैं, काम का समय तय करते हैं, और काम का तरीका खुद चुनते हैं। जैसे एक सीईओ अपनी कंपनी चलाता है, वैसे ही आप अपनी सफलता के मालिक होते हैं।

# विचार

नेटवर्क मार्केटिंग एक ऐसा व्यवसाय है जो आपको असीमित अवसरों की ओर ले जाता है। यह सिर्फ एक व्यवसाय नहीं, बल्कि आपके सपनों को हकीकत में बदलने का साधन है। यहां आपकी मेहनत, समर्पण और सही दृष्टिकोण आपकी सफलता का आधार होते हैं। यह यात्रा सीधी और आसान नहीं होती, लेकिन जिनके अंदर हार न मानने का जज्बा होता है, वही लोग अपनी मंजिल तक पहुँचते हैं।

महात्मा गांधी का यह प्रेरणादायक विचार, "आप वह बदलाव बनें जो आप दुनिया में देखना चाहते हैं", इस व्यवसाय में सफलता की कुंजी है। अगर आप अपने नेटवर्क मार्केटिंग में वह सकारात्मक बदलाव लाते हैं जो आप दूसरों में देखना चाहते हैं, तो आप अपने व्यवसाय में नई ऊंचाइयाँ छू सकते हैं। सफलता की राह में आने वाली हर चुनौती आपको और मजबूत बनाएगी, और धीरे-धीरे आप उस मुकाम तक पहुँच जाएंगे जहाँ आपने खुद को देखा था।

आपकी सफलता न केवल आपके व्यक्तिगत विकास की पहचान बनेगी, बल्कि वह आपकी टीम, ग्राहकों, और पूरे नेटवर्क मार्केटिंग उद्योग के लिए प्रेरणा का स्रोत भी बनेगी। याद रखें, नेटवर्क मार्केटिंग में असली जीत सिर्फ मुनाफे तक सीमित नहीं है, बल्कि यह उस सकारात्मक बदलाव से जुड़ी है जो आप अपनी मेहनत से पैदा करते हैं। इस व्यवसाय में खुद को निरंतर विकसित करते हुए, आप अपने सपनों को पूरा करने के साथ-साथ दूसरों की मदद भी कर सकते हैं। यही वह सफलता है, जो आपको वास्तव में गर्व से भर देगी।

नेटवर्क मार्केटिंग का मतलब है लोगों के साथ अच्छे और भरोसेमंद रिश्ते बनाना। इसमें आप एक मजबूत समर्थन प्रणाली तैयार करते हैं, जिसमें सभी लोग एक-दूसरे की मदद करते हैं। जब रिश्ते मजबूत होते हैं, तो टीम भी बेहतर काम करती है, और इससे सभी की सफलता बढ़ती है।

# अंत में

इस पुस्तक का उद्देश्य आपको न केवल प्रेरित करना था, बल्कि नेटवर्क मार्केटिंग के हर पहलू को गहराई से समझने में आपकी मदद करना भी था। हमने यहां सफलता के पीछे छिपे सिद्धांतों को सरल और सुलभ तरीके से प्रस्तुत किया, ताकि आप उन्हें आसानी से अपने जीवन और व्यवसाय में उतार सकें।

अब, यह आपके हाथ में है कि आप इन सिद्धांतों को कैसे अपनाते हैं और उन्हें अपने व्यवसाय में लागू करते हैं। सफलता सिर्फ एक मंजिल नहीं है, बल्कि यह एक यात्रा है—एक ऐसी यात्रा, जिसमें आपको लगातार आगे बढ़ते रहना है, चाहे रास्ते में कितनी भी चुनौतियाँ क्यों न आएं। आपकी मेहनत, समर्पण और धैर्य ही आपको इस यात्रा में जीत दिलाएंगे।

कई बार, हम उस मुकाम तक पहुंचने के बारे में सोचते हैं जहां हमें मान-सम्मान और सफलता मिलेगी, लेकिन शायद ही कभी हम यह सोचते हैं कि उस सफर में हम क्या बनते हैं। नेटवर्क मार्केटिंग का सफर केवल एक व्यवसायिक यात्रा नहीं है, बल्कि यह आपके व्यक्तित्व का निर्माण भी है। यह आपको हर रोज़ थोड़ा और बेहतर बनाता है, नए अनुभवों और सीखों से समृद्ध करता है।

यह सही है कि आपके सामने कठिनाइयाँ आएंगी—कई बार लोग आपके प्रयासों को नकार देंगे, कई बार आप असफल महसूस करेंगे। लेकिन याद रखें, असफलता अंत नहीं है, बल्कि यह आपके अनुभवों का हिस्सा है। हर "ना" आपको उस "हाँ" के करीब ले जाता है, जो आपकी सफलता की कुंजी है। यही वह धैर्य और विश्वास है, जो आपको

दूसरों से अलग बनाता है।

आपके पास अब वह सब कुछ है जो इस व्यवसाय में सफल होने के लिए चाहिए। आपने सीख लिया है कि कैसे एक टीम बनाई जाए, कैसे अपने ग्राहकों के साथ विश्वासपूर्ण संबंध बनाए जाएं, और कैसे अपने समय और प्रयासों को प्रबंधित किया जाए। अब आपको सिर्फ एक काम करना है—कदम बढ़ाना।

आपकी सफलता अब आपके हाथों में है। जैसे ही आप पहला कदम उठाते हैं, सफलता की दिशा में आपका सफर शुरू हो जाता है। मंजिल दूर हो सकती है, लेकिन यदि आप निरंतर और समर्पण के साथ आगे बढ़ते रहेंगे, तो वह दिन दूर नहीं जब सफलता खुद-ब-खुद आपके पास आएगी।

यह सच है कि कोई भी सफर आसान नहीं होता, और यह भी सच है कि सफलता के शिखर पर पहुँचने के लिए कई बार हमें अपने कम्फर्ट ज़ोन से बाहर निकलना पड़ता है। लेकिन जब आप अपनी मेहनत और ईमानदारी के साथ काम करते हैं, तो परिणाम जरूर आपके पक्ष में आते हैं। हर छोटा कदम आपको उस बड़े लक्ष्य के करीब लाता है, जिसे आप हमेशा से पाना चाहते थे।

इस पुस्तक के साथ आपके पास अब वह ज्ञान है, जो आपको नेटवर्क मार्केटिंग में सफलता दिलाने के लिए आवश्यक है। लेकिन याद रखें, ज्ञान केवल तब ही मूल्यवान होता है जब आप उसे अपनी ज़िंदगी में लागू करते हैं।

आज से, अपने सपनों को हकीकत में बदलने की शुरुआत करें। अपनी यात्रा में पहले से ज्यादा आत्मविश्वास और जुनून के साथ कदम बढ़ाएं। सफलता आपकी ओर खींची चली आएगी, क्योंकि आपने वह बीज बो दिया है जो एक दिन महान सफलता का पेड़ बनेगा।

सफलता आपके हाथों में है—बस कदम बढ़ाएं, और मंजिल खुद-ब-खुद आपके पास आएगी।

**सादर**

**सूर्या सिन्हा**

**Suryasinha101@gmail.com**

# वास्तविक जीवन की कुछ कहानियाँ

यहाँ कुछ टेस्टिमोनियल्स प्रस्तुत की जा रही हैं जो यह दिखाती हैं कि कैसे श्री सूर्या सिन्हा से प्राप्त रियल लाइफ एजुकेशन और नेटवर्क मार्केटिंग ट्रेनिंग्स ने वितरकों और ग्राहकों के जीवन में सफलता की नई राहें खोलीं। यह कहानियाँ बताती हैं कि कैसे उन्होंने अपने नेटवर्क मार्केटिंग करियर को सफलतापूर्वक स्थापित किया और एक बेहतरीन लीडर के रूप में अपने आप को विकसित किया:

**विकास गुप्ता, कोलकाता (नेटवर्क लीडर):** प्रिय महागुरु श्री सूर्या सिन्हा जी, मैं आपके प्रति अपनी गहरी कृतज्ञता व्यक्त करने के लिए इस पत्र को लिख रहा हूँ। आप वास्तव में एक महान गुरु और सेवक हैं, जिनकी करुणा और सेवा भावना अद्वितीय है। मैंने स्वयं देखा है कि किस प्रकार आप अपनी ऊर्जा और संसाधनों को निस्वार्थ रूप से जरुरतमंदों की सेवा में लगाते हैं। आपकी गुरुत्व शक्ति ने न जाने कितने लोगों को सशक्त और आत्मनिर्भर बनाया है। आपकी दी हुई शिक्षाएँ और अनुभव ने मेरे जीवन को एक नई दिशा दी है, और आपके मार्गदर्शन के बिना मैं कभी सफल नेटवर्क लीडर नहीं बन पाता। आपके प्रति मैं तहे दिल से आभार व्यक्त करता हूँ।

**मनीष कुमार, नागपुर (नेटवर्क लीडर):** प्रिय महागुरु श्री सूर्या सिन्हा जी, मैं जब भी पीछे मुड़कर देखता हूँ, तो आपका आशीर्वाद और आपकी सिखाई गई तकनीकें मेरे हर कदम पर दिखाई देती हैं। आपने मुझे नेटवर्क मार्केटिंग में सफलता पाने के लिए सही दिशा दिखाई और मुझे एक प्रभावी लीडर बनने में मदद की। आपकी शिक्षा ने मुझे सिखाया कि केवल कड़ी मेहनत ही पर्याप्त नहीं है, बल्कि सही रणनीति और दृष्टिकोण भी आवश्यक

हैं। आज जो भी सफलता मुझे मिली है, उसका श्रेय आपके मार्गदर्शन को जाता है। आपके प्रति मेरी भावनाओं को शब्दों में व्यक्त करना कठिन है, लेकिन मैं आपको अपने दिल से आभार व्यक्त करता हूँ।

**दीपक यादव, कानपुर (लीडर और नेटवर्क बिल्डर):** प्रिय महागुरु जी, आपकी सिखाई हुई बातें और ट्रेनिंग ने मेरी पूरी नेटवर्क मार्केटिंग यात्रा को बदल कर रख दिया। पहले मैं दिशाहीन था, लेकिन आपने मुझे स्पष्ट दृष्टिकोण और मजबूत रणनीतियाँ दीं, जिनसे मुझे व्यापार में सफलता का मार्ग मिला। आपने मुझे दिखाया कि कैसे एक मजबूत नेटवर्क बनाया जाए और उसे प्रभावी रूप से प्रबंधित किया जाए। आज मैं जो भी सफल लीडर और वितरक हूँ, वह आपके मार्गदर्शन का ही परिणाम है। मैं आपके प्रति तहे दिल से आभार व्यक्त करता हूँ और हमेशा आपका आशीर्वाद चाहता हूँ।

**संदीप गुप्ता, भोपाल (सफल वितरक):** प्रिय महागुरु श्री सूर्या सिन्हा जी, आपके साथ बिताया हुआ हर पल मेरे जीवन में एक नई रोशनी लेकर आया है। आपकी ट्रेनिंग से पहले मुझे नेटवर्क मार्केटिंग की जटिलताएँ समझ में नहीं आती थीं, लेकिन आपने मुझे सरल और प्रभावी रणनीतियाँ सिखाई, जिन्होंने मेरे जीवन को पूरी तरह बदल दिया। आज मेरी सफलता का श्रेय सिर्फ और सिर्फ आपकी सिखाई गई रणनीतियों को जाता है। आपके बिना यह संभव नहीं हो पाता, और मैं आपको अपनी दिल से आभार व्यक्त करता हूँ। आपकी शिक्षाएँ मेरे जीवन का आधार बन गई हैं।

**अविनाश चौधरी, रायपुर (सफल लीडर):** प्रिय महागुरु श्री सूर्या सिन्हा जी, आपके मार्गदर्शन ने मेरे जीवन को पूरी तरह से बदल दिया है। आपकी ट्रेनिंग ने मेरे नेटवर्क मार्केटिंग कौशल को एक नई ऊँचाई दी और मेरे भीतर का आत्मविश्वास फिर से जागृत किया। जहाँ पहले मैं संकोच और आत्मविश्वास की कमी से जूझ रहा था, अब आपकी सिखाई तकनीकों और प्रेरणा ने मुझे वह आत्मबल प्रदान किया जो एक सफल वितरक और लीडर बनने के लिए आवश्यक होता है। आपने मुझे जीवन में नए अवसर दिखाए और व्यापार को आगे बढ़ाने का सही रास्ता दिखाया। मैं जीवन भर आपका आभारी रहूँगा।

**राकेश गुप्ता, पटना (नेटवर्क लीडर):** प्रिय महागुरु जी, आपकी शिक्षाओं ने मुझे यह सिखाया कि नेटवर्क मार्केटिंग केवल एक व्यवसाय नहीं है, बल्कि एक कला है। आपकी ट्रेनिंग से पहले मैं एक साधारण वितरक था, लेकिन आपके मार्गदर्शन ने मुझे एक प्रभावी लीडर बनने की दिशा में प्रेरित किया। आपने मुझे यह समझाया कि केवल धनार्जन ही

नहीं, बल्कि एक सशक्त टीम बनाना और उसे सही दिशा में ले जाना कितना महत्त्वपूर्ण है। आपकी प्रेरणा और तकनीकों ने मुझे मेरे नेटवर्क में सफलता दिलाई और आज मैं एक सफल लीडर हूँ। आपके प्रति दिल से आभार व्यक्त करता हूँ।

**मोंटी सिंह, पुणे (नेटवर्क लीडर):** प्रिय महागुरु श्री सूर्या सिन्हा जी, आपका मार्गदर्शन मेरे जीवन में उजाले की तरह आया। आपकी निस्वार्थ सेवा भावना और करुणा का मोल शब्दों में व्यक्त करना कठिन है। आप न केवल एक महान गुरु हैं, बल्कि एक सच्चे मार्गदर्शक भी हैं, जो दूसरों को सफलता की राह दिखाते हैं और उन्हें जीवन के हर क्षेत्र में सशक्त बनाते हैं। मैं आपके प्रति अपने हृदय से आभार व्यक्त करता हूँ और जीवन भर आपका आशीर्वाद चाहता हूँ।

**मोहित गुप्ता, दिल्ली (सफल वितरक और लीडर):** महागुरु जी, आपसे मिली ट्रेनिंग ने मेरे जीवन में एक क्रांति ला दी। आपकी सिखाई गई तकनीकों ने मुझे न केवल एक सफल वितरक बनाया, बल्कि एक प्रभावी लीडर भी बनाया, जिसने मेरे नेटवर्क को बड़ी ऊँचाइयों पर पहुँचाया। आपने मुझे व्यापार के मूल सिद्धांतों को समझाया और सफलता के लिए सही मार्ग दिखाया। इसके लिए मैं तहे दिल से आपका आभारी हूँ और जीवन भर आपका आशीर्वाद चाहता हूँ।

**अनिल शर्मा, जयपुर:** प्रिय महागुरु श्री सूर्या सिन्हा जी, मैंने पहले कभी नेटवर्क मार्केटिंग के बारे में नहीं सोचा था, लेकिन आपकी शिक्षाओं और मार्गदर्शन ने मेरी सोच को बदल दिया। आपकी ट्रेनिंग ने मुझे दिखाया कि किस तरह इस व्यवसाय में सफलता प्राप्त की जा सकती है। आज मैं एक सफल वितरक और लीडर हूँ, और इसके लिए मैं आपको दिल से धन्यवाद कहना चाहता हूँ। आपके आशीर्वाद के बिना यह संभव नहीं हो पाता।

**सुमित अग्रवाल, लखनऊ (नेटवर्क लीडर):** महागुरु जी, आपकी ट्रेनिंग ने मुझे नेटवर्क मार्केटिंग के गहरे सिद्धांतों को समझने में मदद की। आपने मुझे सिखाया कि कैसे एक मजबूत नेटवर्क बनाना है और उसे प्रेरित करना है। आपकी सिखाई तकनीकें और रणनीतियाँ मेरी टीम और मेरे नेटवर्क की सफलता की नींव बनी हैं। आज मैं इस व्यवसाय में अपनी पहचान बना पाया हूँ और इसके लिए आपको सादर प्रणाम करता हूँ।

**पल्लवी गुप्ता, पटना (नेटवर्क लीडर):** प्रिय महागुरु जी, जब मैंने आपसे ट्रेनिंग ली, तो मुझे यह समझ में आया कि नेटवर्क मार्केटिंग केवल एक व्यवसाय नहीं, बल्कि एक

कला है। आपकी सिखाई रणनीतियाँ और मार्गदर्शन ने मुझे एक सफल लीडर बनाया। आपने मुझे वह आत्मविश्वास दिया जो इस क्षेत्र में सफल होने के लिए आवश्यक था। आज मैं अपने नेटवर्क में बड़ी सफलता प्राप्त कर रही हूँ और इसके लिए मैं तहे दिल से आपका आभार व्यक्त करती हूँ।

**निधि मेहता, चंडीगढ़:** महागुरु श्री सूर्या सिन्हा जी, आपकी ट्रेनिंग ने मुझे एक नई दृष्टि दी और नेटवर्क मार्केटिंग के बारे में मेरी समझ को व्यापक बनाया। आपने मुझे सिखाया कि कैसे एक छोटे नेटवर्क को बड़े पैमाने पर बढ़ाया जा सकता है और इसे प्रभावी ढंग से प्रबंधित किया जा सकता है। आज, मैं अपने व्यवसाय में आत्मविश्वास से भरी हुई हूँ और मेरी सफलता आपकी सिखाई गई तकनीकों का प्रमाण है। इसके लिए मैं आपकी आभारी हूँ।

**अविनाश गुप्ता, कानपूर (नेटवर्क लीडर):** प्रिय महागुरु श्री सूर्या सिन्हा जी, आपके प्रति आभार व्यक्त करने के लिए मैं यह पत्र लिख रहा हूँ। आप एक अद्वितीय गुरु हैं, जिनकी करुणा और सेवा भावना से मैंने बहुत कुछ सीखा है। मैंने देखा है कि आप किस तरह निस्वार्थ भाव से जरुरतमंदों की मदद करते हैं। आपकी सिखाई हुई बातें और आपका अनुभव मेरे जीवन को नई दिशा देने में काम आए हैं। आपके मार्गदर्शन के बिना, मैं कभी सफल नेटवर्क लीडर नहीं बन पाता। मैं तहे दिल से आपका आभारी हूँ।

**दिनेश प्रसाद, सहारन पुर (नेटवर्क लीडर):** प्रिय महागुरु श्री सूर्या सिन्हा जी, मैं जब भी अपने करियर की यात्रा को देखता हूँ, तो हर कदम पर आपका आशीर्वाद और आपकी सिखाई गई तकनीकें दिखाई देती हैं। आपने मुझे नेटवर्क मार्केटिंग में सफल होने का सही रास्ता दिखाया और मुझे एक प्रभावी लीडर बनने में मदद की। आपकी सिखाई हुई बातें, मेहनत के साथ सही रणनीति और दृष्टिकोण पर आधारित हैं। आज मेरी सफलता का आधार आपके मार्गदर्शन पर टिका है। मैं तहे दिल से आपका आभार व्यक्त करता हूँ।

**विपिन यादव, कानपुर (लीडर और नेटवर्क बिल्डर):** प्रिय महागुरु जी, आपकी ट्रेनिंग और सिखाई गई बातें मेरी पूरी नेटवर्क मार्केटिंग यात्रा को बदल कर रख दी हैं। पहले मैं दिशा नहीं जानता था, लेकिन आपने मुझे स्पष्ट दृष्टिकोण और मजबूत रणनीतियाँ दीं, जिनसे मुझे व्यापार में सफलता का रास्ता मिला। आपने मुझे दिखाया कि कैसे एक मजबूत नेटवर्क बनाया जाए और उसे सही तरीके से प्रबंधित किया जाए। आज जो भी सफलता मुझे मिली है, वह आपके मार्गदर्शन का परिणाम है। मैं आपके प्रति तहे दिल से आभार

व्यक्त करता हूँ।

**सुनील अग्रवाल, भोपाल (सफल वितरक):** प्रिय महागुरु श्री सूर्या सिन्हा जी, आपके साथ बिताए हुए हर पल ने मेरे जीवन में एक नई रोशनी लाई है। आपकी ट्रेनिंग से पहले मुझे नेटवर्क मार्केटिंग की जटिलताएँ समझ में नहीं आती थीं, लेकिन आपने मुझे सरल और प्रभावी रणनीतियाँ सिखाई, जिन्होंने मेरे जीवन को पूरी तरह बदल दिया। आज मेरी सफलता का श्रेय आपकी सिखाई हुई रणनीतियों को जाता है। आपके बिना यह संभव नहीं होता, और मैं आपको दिल से आभार व्यक्त करता हूँ। आपकी शिक्षाएँ मेरे जीवन का आधार बन गई हैं।

**दिव्यांश चौधरी, रायपुर (सफल लीडर):** प्रिय महागुरु श्री सूर्या सिन्हा जी, आपके मार्गदर्शन ने मेरे जीवन को पूरी तरह से बदल दिया है। आपकी ट्रेनिंग ने मेरे नेटवर्क मार्केटिंग कौशल को नई ऊँचाई दी और मेरे अंदर का आत्मविश्वास फिर से जगा दिया। जहाँ पहले मैं आत्मविश्वास की कमी से जूझ रहा था, अब आपकी सिखाई गई तकनीकों और प्रेरणा ने मुझे वह आत्मबल दिया जो एक सफल वितरक और लीडर बनने के लिए जरूरी होता है। आपने मुझे जीवन में नए अवसर दिखाए और व्यापार को सही दिशा में आगे बढ़ाने का रास्ता दिखाया। मैं जीवन भर आपका आभारी रहूँगा।

**प्रीतम गुप्ता, मेरठ (नेटवर्क लीडर):** प्रिय महागुरु जी, आपकी शिक्षाओं ने मुझे यह सिखाया कि नेटवर्क मार्केटिंग सिर्फ एक व्यवसाय नहीं, बल्कि एक कला है। आपकी ट्रेनिंग से पहले मैं एक साधारण वितरक था, लेकिन आपके मार्गदर्शन ने मुझे एक प्रभावी लीडर बनने की दिशा में प्रेरित किया। आपने मुझे यह सिखाया कि सिर्फ धन कमाना ही नहीं, बल्कि एक मजबूत टीम बनाना और उसे सही दिशा में ले जाना कितना महत्त्वपूर्ण है। आपकी प्रेरणा और सिखाई गई तकनीकें मेरी सफलता का आधार बनी हैं। मैं दिल से आभार व्यक्त करता हूँ।

**रचित गुप्ता, विलासपुर (सफल वितरक और लीडर):** महागुरु जी, आपकी ट्रेनिंग ने मेरे जीवन में क्रांति ला दी है। आपकी सिखाई गई तकनीकों ने मुझे न केवल एक सफल वितरक बनाया, बल्कि एक प्रभावी लीडर भी, जिसने मेरे नेटवर्क को नई ऊँचाइयों तक पहुँचाया। आपने मुझे व्यापार के मूल सिद्धांत सिखाए और सही मार्ग दिखाया। इसके लिए मैं आपको तहे दिल से आभार व्यक्त करता हूँ और जीवन भर आपका आशीर्वाद चाहता हूँ।

**विकास चौहान (लीडर और नेटवर्क बिल्डर):** महागुरु श्री सूर्या सिन्हा जी, आपकी शिक्षाओं ने मेरे नेटवर्क मार्केटिंग करियर की नींव रखी। आपकी सिखाई गई रणनीतियों ने मुझे एक सफल वितरक और लीडर बनने में मदद की। मैंने आपकी शिक्षा से न केवल खुद को सफल बनाया है, बल्कि कई अन्य लोगों को भी इस व्यवसाय में सफलता दिलाने में मदद की है। इसके लिए मैं दिल से आपका आभार व्यक्त करता हूँ।

**रोहित शर्मा (लीडर और नेटवर्क बिल्डर):** महागुरु जी, नेटवर्क मार्केटिंग का प्रारंभिक अनुभव न होने के बावजूद, आपकी ट्रेनिंग ने मुझे इस व्यवसाय की गहराई से समझने में मदद की। आपकी शिक्षा ने मुझे एक प्रभावशाली लीडर बनाया और आज मेरे नेटवर्क में सैकड़ों लोग जुड़े हैं, जिन्हें मैं मार्गदर्शन प्रदान कर रहा हूँ। इसके लिए मैं आपके प्रति तहे दिल से कृतज्ञता व्यक्त करता हूँ।

इन प्रेरणादायक टेस्टिमोनियल्स से यह स्पष्ट होता है कि श्री सूर्या सिन्हा की नेटवर्क मार्केटिंग ट्रेनिंग्स ने कितने लोगों के करियर और जीवन को नई दिशा दी है। उनकी अनूठी शैली और गहरी समझ ने कई व्यक्तियों को न केवल इस उद्योग में अपनी पहचान बनाने, बल्कि एक सफल भविष्य की नींव रखने में भी मदद की है। ये कहानियाँ उन लोगों के लिए प्रेरणा का स्रोत हैं, जो अपने करियर में कुछ बड़ा करना चाहते हैं और नेटवर्क मार्केटिंग के क्षेत्र में एक सफल यात्रा शुरू करना चाहते हैं।

श्री सूर्या सिन्हा की ट्रेनिंग्स से लाभान्वित लोग बताते हैं कि उन्होंने आत्मविश्वास, नेतृत्व क्षमता, और मार्केटिंग स्किल्स में किस तरह सुधार किया, जिससे उन्हें अपने लक्ष्य को प्राप्त करने में मदद मिली। ये टेस्टिमोनियल्स संभावित वितरकों और ग्राहकों को प्रोत्साहित करती हैं कि वे इस उद्योग में अपने सपनों को साकार कर सकते हैं, यदि वे सही मार्गदर्शन और दृढ़ता के साथ आगे बढ़ें।

**नरेंद्र वर्मा, (प्रकाशक)**
**डायमंड बुक्स**

# एक विनम्र निवेदन

मेरा आपसे दिल से किया गया एक विनम्र निवेदन है अगर आपको यह पुस्तक पसंद आए, तो कृपया इसे अपने दोस्तों, परिवार, और परिचितों के साथ साझा करें। यह सिर्फ एक किताब नहीं है, बल्कि इसमें नेटवर्क मार्केटिंग की अद्भुत शक्ति और अनगिनत संभावनाओं को समझाने का प्रयास किया गया है। जब आप इसे दूसरों के साथ साझा करेंगे, तो आप सिर्फ एक पुस्तक नहीं, बल्कि एक ऐसा अवसर बाँट रहे होंगे, जो किसी के जीवन को बदल सकता है। सोशल मीडिया के माध्यम से भी इसे साझा करें, ताकि ज्यादा से ज्यादा लोग इस पुस्तक से प्रेरणा लें और अपने व्यवसाय में नई ऊंचाइयों तक पहुँच सकें। आपका यह कदम मेरे दिल को सच्ची खुशी देगा, यह जानकर कि हम मिलकर इस पुस्तक के माध्यम से कई लोगों के जीवन में बदलाव लाने में सफल हो रहे हैं। आइये हम सभी एक साथ मिलकर, उन लोगों की भी मदद करें जो इस व्यवसाय में सफल होने के लिए संघर्ष कर रहे हैं। आपकी मदद से मेरी यह यात्रा और भी सुंदर और सार्थक हो जाएगी।

**सादर**

**सूर्या सिन्हा**

**Suryasinha101@gmail.com**